Lebensmittel einkaufen direkt beim Erzeuger

regional - hochwertig - umweltfreundlich erzeugt

Landwirtschaftliche Direktvermarkter in Freiburg und im Umland

Ein Einkaufsführer

Redaktion: Konstanze und Klaus Lehn (Umweltschutzamt)
Konzeption, fachliche Ausarbeitung, Überarbeitung:
Franz-Albert Heimer, Frieder Thomas (EURES-Institut)

Titelbild: Seiler & Partner Marketing
Design-Atelier Ralf Kunz

Gestaltung: Heidi Finkbeiner, Amt für Organisation und Informationstechnik

Herstellung: Rombach GmbH Druck- und Verlagshaus, Freiburg

Printed in Germany

ISBN 3–7930–0682–4

Zum Geleit

Der Einsatz von giftigen »Pflanzenschutzmitteln« sorgt dafür, daß der Apfel, in den wir beißen, ohne Made ist und das Getreide schädlingsfrei reifen kann. Für den Boden, für das Trinkwasser, aber auch für den Menschen wäre die Made jedoch verträglicher als giftige Rückstände und Abbauprodukte chemischer Erzeugnisse.

Seit einiger Zeit bemüht sich die Freiburger Stadtverwaltung, den ökologischen Landbau zu fördern. Neben gezielten Unterstützungen zur Verminderung des Pestizideinsatzes, beispielsweise durch die Freiburger Energie- und Wasserversorgungs-AG, geht die Stadt Freiburg mit gutem Beispiel voran: Auf einem der größten landwirtschaftlichen Güter Südbadens, dem Stadtgut Mundenhof, ist die komplette Umstellung auf extensive Landwirtschaft abgeschlossen. Weder Kunstdünger noch chemische Gifte belasten hier die Böden. Dreifelderwirtschaft und das gelegentliche Ausbringen von Urgesteinsmehl aus dem Kaiserstuhl sorgen für Wiederstandsfähigkeit der Pflanzen und für die Fruchtbarkeit der Böden.

Die vorliegende Publikation kann alle jenen eine Handreichung sein, die beim Einkauf nach biologisch erzeugten Lebensmitteln suchen.

Ihr

Dr. Rolf Böhme
Oberbürgermeister

Geleitwort

»Zu den bedrohten Arten gehört auch das solide, mit handwerklicher Sorgfalt erzeugte Produkt. Wo es von industrieller Konfektion verdrängt wird, stirbt Kultur. Noch gibt es ein paar Auswege.« Diese treffende Einsicht stammt von dem Autoren-Duo Wolfgang Abel und Jacky Salamander, die sich in unserem regionalen Angebot auskennen wie wenige andere. Hinzugefügt sei: Mit der Kultur stirbt auch die Natur, denn die »industrielle Konfektion« gerade in der Landwirtschaft verseucht Boden und Wasser in unerträglichem Ausmaß. Wasser - so die traurige Gegenwart in weiten Teilen der Republik - muß, um überhaupt noch trinkbar zu sein, »aufbereitet« und von Pestiziden und Nitraten befreit werden. Vom einstigen Kulturgut Wasser, über Jahrtausende in Mythen und Quellenmärchen besungen, bleibt da nichts übrig, nur biologisch totes, aber chemisch reines H_2O.

Praktizierter Kultur- und Naturschutz ist der tägliche Einkauf hochwertiger regionaler, umweltfreundlich erzeugter Produkte. Da die Anbieter gern und schnell behaupten, nur solche im Sortiment zu haben, ist Vertrauen gefragt. Vertrauen entsteht nicht in der öden Anonymität des »Hypermarché«, sondern im unmittelbaren Kontakt zwischen Erzeuger und Verbraucher.

Nun legt das Umweltschutzamt einen in seinem Auftrag erstellten Einkaufsführer vor, der speziell den landwirtschaftlichen Direktvermarktern in Freiburg und dem Umland gewidmet ist. Er ist ein kleiner Baustein im Rahmen unserer kommunalen Initiativen, die Direktvermarktung und ökologische Landwirtschaft zu fördern. Zwei Beispiele: Freiburgs Stadtgut, der Mundenhof, vor Jahrzehnten noch intensiv bewirtschaftet, arbeitet heute pestizidfrei und gewinnt als Zentrum der Umweltpädagogik ein neues Gesicht. Stadtteilmärkte werden neu eingerichtet, um Direktvermarktern neue Absatzchancen zu geben.

Mein Dank geht an die Autoren unseres Einkaufsführers, Franz-Albert Heimer und Frieder Thomas vom Freiburger Institut EURES e.V., die sich auch über die Texterstellung hinaus für die Sache der ökologischen Landwirtschaft einsetzen, und an Herrn und Frau Lehn vom Umweltschutzamt, die nach Kräften mitgeholfen haben, daß dieses kleine Werk jetzt erscheinen kann.

Dr. Peter W. Heller
Umweltbürgermeister

Inhalt

Vom Produzenten zum Verbraucher: Vermarktung kann auch anders laufen

Lebensmittel aus der Region kaufen - Praktizierter Umweltschutz im Alltag

Was machen belgische Schweine in der italienischen Poebene? Bayrische Milch in Kiel? Norddeutsche Kartoffeln in Italien?

Welchen Sinn macht schleswig-holsteinische Milch in München? Südbadischer Joghurt in irischen Regalen? Irisches Fleisch in südbadischen Supermärkten?

Diese Produkte haben - mit vielen anderen - gemeinsam, daß es sich finanziell lohnt, sie über weite Strecken zu transportieren. Ein Beispiel: Belgische Schweine werden nach Italien gekarrt, dort gemästet und gut verkauft. Auch das Futter dazu hat eine weite Reise hinter sich. Das ÖKO-TEST-Magazin schreibt dazu: »Die Milch für den Fraß stammt aus Hamburg: Eine hanseatische Firma liefert Magermilchpulver nach Hartberg im Süden Österreichs, wo noch Rindertalg dazukommt. 200 Kilometer weiter westlich gibt eine Molkerei Wasser dazu. In der Poebene wird das Gemisch dann wieder getrocknet und den Schweinen vorgesetzt. Die wiederum treten am Ende als Schinken noch eine letzte größere Auslandsreise an - zu den Freunden original italienischer Parmaschweine.«

Entstehung des Weltmarkts: die Welt wird kleiner - aber tut ihr das gut?

Dies war nicht immer so. Bis ins letzte Jahrhundert hinein waren die Handelsbeziehungen wesentlich einfacher. Was in der Region erzeugt wurde, kam meist auch in der Region auf den Tisch. Der technische Fortschritt schaffte die Mittel, dies grundlegend zu verändern. Er schuf neue, leistungsfähigere, billigere Verkehrsmittel. Eisenbahn, Dampfschiffe, später das Flugzeug und der LKW »machten die Welt kleiner« schufen einen Weltmarkt. Zunehmend strömten nun Lebensmittelimporte aus Übersee nach Europa.

Hier setzten sie eine Entwicklung in Gang, die noch heute andauert: die Preiskonkurrenz mit dem Weltmarkt bringt die heimischen Erzeuger in Bedrängnis, läßt sie ihr Heil in einer Umstellung der Produktion suchen: es wird rationalisiert, intensiviert, spezialisiert. »Billig produzieren« ist die Losung. Ein ausreichendes Einkommen scheint nur noch über die stetige Steigerung der erzeugten Menge möglich. Masse statt Klasse ist die Folge, Quantität geht zunehmend vor Qualität.

Nicht nur einzelne Betriebe, auch ganze Regionen konzentrieren sich notgedrungen zunehmend einseitig auf bestimmte Produkte. Der Absatz erfolgt deshalb auch immer mehr außerhalb der spezialisierten Region: in ganz Europa und auch auf dem Weltmarkt.

Billige Verkehrsmittel - die Voraussetzung

All dies geschieht auf der Grundlage billiger gewordener Transportmittel. Billiger? Fachleute empfehlen, genauer hinzusehen. Die Bedingung für den rasanten Aufschwung der neuen Verkehrsmittel war von Anfang an die hemmungslose Ausbeutung natürlicher Ressourcen. Erst Kohle, dann Erdöl wurden in enormen, immer größeren Mengen benötigt. Genauso bedenkenlos erfolgte auch die Belastung von Natur und Menschen mit den Abfallprodukten und Abgasen dieser Verbrennungsprozesse. Stickoxide, Kohlendioxid, Schwermetalle u.a. führten zum Waldsterben, zu Atemwegserkrankungen (verstärkt durch die Bildung von bodennahem Ozon), tragen zur Klimaveränderung bei.

Energieverschwendung

Die lange Kette zwischen der Erzeugung und dem Verbrauch von Lebensmitteln macht aus unserem Ernährungssystem einen Energiefresser erster Güte. Die bayrische Molkerei Müller meldet stolz ihre Produktionszahlen: 726 Millionen Becher Buttermilch und Milchreis verließen das Aretsrieder Werk im Jahr 1990. 20 Millionen Kilometer legten die LKW dafür zurück und verfeuerten sechs Millionen Liter Diesel... [6]

Besonders empfindliche Lebensmittel und Tiefkühlkost stellen nochmals besondere Ansprüche bei Transport, Lagerung und Verkauf: regelrechte Kühlketten können entstehen. Vom Herstellerwerk über den gekühlten LKW und die Gefriertheke im Supermarkt wird ein Energiefresser nahtlos an den anderen gereiht. Zu den Energiemengen, die die Landwirtschaft durchschnittlich einsetzt, kommt so noch einmal knapp das Dreifache hinzu, bis ein Produkt den privaten Haushalt erreicht.

Energieverbrauch und Nahrungsmittelversorgung

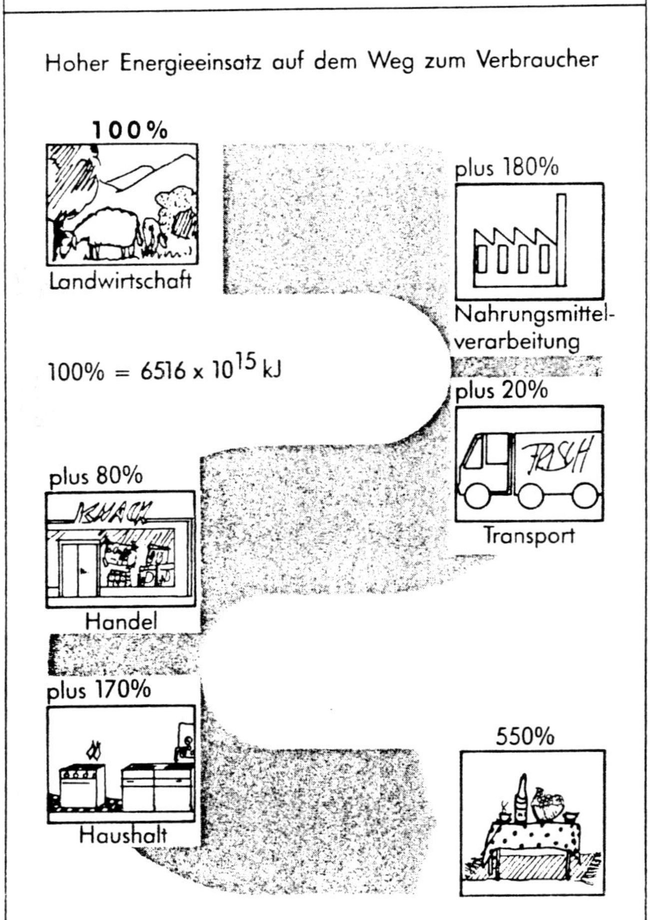

Quelle: Aubert, Hirst, Pimentel

Verkehrssubventionierung

Billig ist dieser aufgeblähte Verkehr nur auf den ersten Blick. Kostenverschiebung nennen es Experten, wenn auf Kosten von Umwelt und Menschen gewirtschaftet wird. Für die »Sanierung« von Umwelt und Gesundheit - wenn sie überhaupt möglich ist - zahlt die öffentliche Hand. Ein weiteres Beispiel: Bau und Unterhaltung von Straßen zahlen nicht die Speditionen, die sie kräftig beanspruchen - dem Steuerzahlern wird dafür in die Tasche gefaßt. Oder: Flugbenzin, dessen Verbrennungsprodukte in höheren Atmosphärenschichten unübersehbare Schäden anrichten, ist von der Mineralölsteuer befreit. Genügend Gründe also, dieses verschwenderische System der Verkehrssubvention zu beenden. Aber auch die Qualität der Nahrungsmittel ist ein guter Grund für eine Neuorientierung auf die Heimatregion.

Nicht nur die privaten Verbraucher!

Zu einem konsequenten Bezug von Lebensmitteln aus der Region gehört jedoch noch mehr als Direktvermarktung an die Endverbraucher. Auch der Einzelhandel kann bevorzugt regionales Gemüse anbieten, die Bäcker Getreide der Gegend verarbeiten, die Metzger ihre Tiere aus dem Umland beziehen. Brauereien können Braugerste aus der Rheinebene abnehmen, Großküchen regionale Produkte in ihren Küchen einsetzen, die Gastronomie ihre Gäste verstärkt mit wirklich regionalen Spezialitäten verwöhnen. Die Mühen auf dem Weg dorthin dürfen nicht schrecken: in der Konkurrenz zu bestehen, bedeutet heute mehr als früher, auf Qualität zu setzen. Gerade ökologische Qualität wird von Verbraucherseite zunehmend nachgefragt.

Schon diese Stärkung der regionalen Wirtschaftskreisläufe würde eine erhebliche Entlastung für unsere Umwelt, unsere Gesundheit und die öffentlichen Haushalte bedeuten. Dies noch zu verbinden mit einer Umorientierung auf die ökologische Landwirtschaft und auf eine werterhaltende, schonende Lebensmittelverarbeitung - das wäre ein wichtiger Baustein auf dem Weg zu einer starken ökologischen Modellregion Südbaden.

Direktvermarktung: warum?

Die Landwirtschaft in unserer Region

Die Landwirtschaft in unserer Region bietet eine vielfältige Palette von Produkten. Vom Rindfleisch aus dem Schwarzwald bis zum Spargel aus der Rheinebene, vom Apfel bis zum Schafskäse, vom Wein bis zum Honig und vieles mehr.

Alles was die Landwirtschaft vielfältig und frisch hervorbringt, können Sie auch frisch bei den ErzeugerInnen kaufen: direkt auf dem Hof oder auf dem Wochenmarkt. Gelegentlich gibt es Betriebe, die ihre Erzeugnisse zu den KundInnen bringen. Einige VerbraucherInnen haben sich zu Einkaufsgemeinschaften zusammengeschlossen, die größere Mengen direkt ab Hof günstiger einkaufen.

Durch Direktvermarktung eine umweltfreundliche und bäuerliche Landwirtschaft unterstützen

So vielfältig sich unsere Landwirtschaft mit ihrer Produktpalette auch darstellt: die wirtschaftliche Lage vieler landwirtschaftlicher Betriebe in unserer Region ist katastrophal. Wenn Verbraucher eine Mark für Lebensmittel ausgeben, erhalten die Bäuerinnen und Bauern nicht viel davon; bei Brot sind es noch zehn Pfennig, bei Gemüse etwa 30 Pfennig. Die Mühlen zahlen für das Getreide weniger als vor zwanzig oder dreißig Jahren. Die Agrarpolitik der Europäischen Gemeinschaft tut sich noch sehr schwer, eine umweltfreundliche Erzeugung von Nahrungsmitteln zu unterstützen. Daher bleiben für die Bäuerinnen und Bauern nur zwei Möglichkeiten:

Eine Möglichkeit ist die durchrationalisierte industrieartige Massenproduktion, die selbst bei geringen Gewinnspannen für das einzelne Produkt insgesamt noch rentabel ist. Doch die Milchviehbetriebe im bergigen Schwarzwald können mit ihrer holländischen Konkurrenz nie und nimmer mithalten. Und die Gemüsebauern am Kaiserstuhl sind vielleicht im innerdeutschen Vergleich bevorzugt; gegen die Angebote vom Mittelmeer haben sie jedoch keine Chance, solange Transportkosten keine Rolle spielen. Der Schaden für die Umwelt und der Verlust an Qualität der Nahrungsmittel ist dabei noch gar nicht berücksichtigt.

Also bleibt die andere Möglichkeit: Qualität statt Quantität, Klasse statt Masse, weniger aber hochwertigere Nahrungsmittel erzeugen. Doch dafür müssen dann auch höhere Preise gezahlt werden. Zusätzlich können die Bäuerinnen und Bauern versuchen, einen Teil der Gewinnspannen der Verarbeiter und Händler wieder selbst zu verdienen. Das könnte ihr Einkommen stabilisieren. Auch dazu soll die Direktvermarktung beitragen. Dann wird die Landflucht hier nicht so groß werden, da - wie in einigen Regionen Frankreichs - ganze Landstriche veröden. Und unsere schöne Landschaft wird dann auch in Zukunft nicht von Agrarfabriken geprägt sein.

Direktvermarktung gegen die Verpackungsflut

Bei der Direktvermarktung gibt es keinen unnötigen Verpackungsaufwand. Werbung wird nicht über Hochglanzaufdrucke gemacht. Es sind die Produkte selbst, die überzeugen müssen; probieren ist auf dem Hof erlaubt. Tüten, Kisten und Flaschen können immer wieder mitgebracht und mehrfach verwendet werden.

Bauernmarkt

in Schallstadt-Wolfenweiler

Tel. 0 76 64/73 77

Wann: Jeden Samstag von 8⁰⁰ – 13⁰⁰ Uhr

Wo: Im Ortsteil Wolfenweiler abseits der B3 auf dem Böttchehof
Zufahrtsweg an der B3 direkt neben dem Schnapsofen (50 m)

Was: Angeboten werden landw. Produkte wie frisches Obst u. Gemüse, Bauernbrot, Butter, Käse, Bauernwurst, Eier und Marmelade, + vieles mehr.
Weitere Attraktionen: Apfelsaft direkt von der Trotte, Schnapsbrennen mit Schnaps- u. Weinproben in der rustikalen Bauernschenke.
Für Kinder Eselreiten.

Wie: Während dem Probieren u. Kaufen unserer Erzeugnisse wollen wir uns mit Ihnen gemütlich unterhalten.
Dabei haben Sie die Möglichkeit sich mit Bauernvesper u. Wein zu stärken.

Wer: 5 Landwirte aus Schallstadt-Wolfenweiler

Direktvermarktung als Erlebnis: Neue Erfahrungen - neues Verständnis

Zwischen Verbrauchern und Landwirten steht in der Regel eine lange Kette von Verarbeitern, Transporteuren, Groß- und Einzelhändlern. Dadurch wissen beide Seiten oft wenig voneinander. Auf dem Markt und besonders bei dem Verkauf ab Hof haben Verbraucher und Landwirte die Gelegenheit, einander und die gegenseitigen Gegebenheiten und Erwartungen kennenzulernen.
Es ist ein Erlebnis, auf dem Bauernhof zu erfahren, wo denn das, was man täglich ißt und trinkt, tatsächlich entsteht. Kinder können lernen, daß die Milch nicht »aus der Milchfabrik« kommt. Ihre Eltern erfahren, wie lang der Arbeitstag von Landwirten ist. Und die Landwirte hören, welche Sorgen sich Verbraucher um Schadstoffe in Lebensmitteln und in der Umwelt machen.

Qualitätsprodukte durch Direktvermarktung

Frische und Reife

Reife und Verderblichkeit liegen nahe beieinander. Obst kann direkt ab Hof mit einem höheren Reifegrad erstanden werden, weil die Zeit von der Ernte bis zum Verbrauch minimal ist. Aber Vorsicht: diese Produkte können dann schnell verderben, wenn sie nicht gleich verbraucht oder nicht ordentlich gelagert werden.

Frei von Zusatzstoffen

Die Frische der Produkte macht chemische Konservierungsstoffe überflüssig. Aber auch zugesetzte Farb- und Aromastoffe, Geschmacksverstärker, Emulgatoren, Stabilisatoren oder synthetisch hergestellte Vitamine werden Sie in den Produkten der Direktvermarkter kaum finden. Vielleicht können Sie auch einmal zuschauen, wie die Hausmacher-Wurst zubereitet wird.

Die radioaktive Bestrahlung von Lebensmitteln ist in Deutschland noch verboten. Sie gehört jedoch in vielen traditionellen Agrarexportländern bei der Konservierung von Nahrungsmitteln zum Alltag. Mit dem gemeinsamen Binnenmarkt in der Europäischen Gemeinschaft wird sie wohl auch spätestens ab 1993 bei uns zugelassen werden müssen - Nahrungsmittel frisch vom Hof sind dagegen nicht bestrahlt!

Kurze Wege

Die Produkte, die sie direkt ab Hof kaufen, sind nicht x-mal hin- und herbewegt worden. Vom Erzeuger zum Großhändler, von dort - oft über einen zweiten Händler - zum Großmarkt, von dort ins Lager des Einzelhändlers und dann schließlich ins Regal des Supermarktes: kein Wunder, da heutzutage die Züchter mehr auf Transportfähigkeit züchten müssen als auf Geschmack.

Minimierung der Schadstoffe durch Bio-Produkte

Ein großer Teil der direkt vermarktenden Betriebe ist in einem Verband des ökologischen Landbaus organisiert. Diese Verbände garantieren, daß beim Anbau keine chemisch-synthetischen Stoffe eingesetzt werden, so daß die Produkte des ökologischen Landbaus normalerweise frei sind von Resten oder Abbauprodukten von Pestiziden. In der Tierhaltung sind Hormone und Wachstumsförderer verboten.

Einkaufen auf dem Bauernhof..

Martin und Hannelore Cammerer

Eisenbahnstraße 1
79189 Bad Krozingen/Tunsel
Telefon 0 76 33/37 97

Wir bieten an:

- Frische Eier aus Bodenhaltung
- Frischeinudeln
- Eierlikör mit Kaiserstühler Kirschwasser (Hausrezept)
- Frische Hähnchen
- Frische Puten
- Frische Suppenhühner
- Bauernbrot
- Hausmacher Dosenwurst
- Hausmacher Bauernspeck
- Weihnachtsbäume
- Reichhaltiges Sortiment an Kartoffeln
- Obst und Gemüse nach Jahreszeit
- Weihnachtsgeflügel wie z.B. Puten und Gänse
- Stallhasen auf Bestellung
- Weinsortiment der Winzergenossenschaft Kirchhofen

Alle unsere Tiere werden in kleinen Gruppen auf Stroh gehalten! Sie werden regelmäßig von Hand gefüttert und stets mit frischem Wasser versorgt. Die Tiere können sich jederzeit artgerecht auf Stroh frei bewegen. Ein einziges Huhn hat hier einen Lebensraum von mindestens 30 Quadratmeter.

Besonderen Wert legen wir auf eine gesunde und ausgewogene Ernährung der Tiere!

Das Futter wird auf dem Hof immer frisch aus eigenem Getreide hergestellt. Wir verzichten auf die Verwendung von tierischem Eiweiß (Tiermehl, Fischmehl. So sind wir in der angenehmen Lage, unseren Kunden immer möglichst rückstandsfreie und geschmacklich hervorragende Erzeugnisse anbieten zu können.

Unsere Öffnungszeiten:

Dienstag:			14.30 - 18.30 Uhr
Freitag:	8.00 - 12.30 Uhr	und	14.30 - 18.30 Uhr
Samstag	8.00 - 15.00 Uhr		

Wir garantieren Ihnen einen guten Einkauf!

Gegen eine Belastung durch Schadstoffe, die über die Luft auf ihre Äcker und Weiden niedergehen, können sich jedoch auch die Bio-Bauern nicht wehren und daher völlige Schadstofffreiheit nicht garantieren. Die Schadstoffmengen werden jedoch durch die Anbauweisen so gering gehalten, wie es in der Macht der Erzeuger steht.

Qualität und Vielfalt

Häufig verarbeiten direktvermarktende Betriebe ihre Ausgangsprodukte weiter. So kann man Käse, Butter, Brot, Wurst, Säfte, Most, Schnäpse und anderes mehr erstehen. Die von Betrieb zu Betrieb immer noch variierende und daher vielfältige Zubereitung garantiert eine große Palette an Geschmacksvarianten und ist eine erfrischende Alternative zur Vereinheitlichung unserer Eßkultur durch die industrielle Nahrungsmittelverarbeitung.

Erzeuger-Verbraucher-Gemeinschaften und Einkaufsgemeinschaften

Aus zahlreichen Gründen haben sich Menschen in Gruppen zusammengefunden, die über den Schritt »einzelner Verbraucher kauft direkt bei einzelnem Bauern« hinausgehen.

Erzeuger-Verbraucher-Gemeinschaften

In Erzeuger-Verbraucher-Gemeinschaften (EVG's) haben sich Bäuerinnen, Bauern und Verbraucher zusammengefunden, die ähnliche Interessen vertreten. Häufig engagieren sich hierin Verbraucher die die ökologische Landwirtschaft unterstützen oder die Vermarktung selbst in die Hand nehmen wollen. Die Verbraucher sind nicht mehr reine Konsumenten. Durch ihre Kapitaleinlagen und das persönliche Engagement beim Vertrieb der Waren können sie ihre Interessen bei der Erzeugung und Vermarktung von Nahrungsmitteln unmittelbar einbringen.

In unserer Region gibt es zwei Erzeuger-Verbraucher-Gemeinschaften. Die »Märktscheese« in Waldkirch hat 105 Mitglieder, davon sieben ErzeugerInnen. Sie betreibt außer einem Naturkostladen auch das Naturkost-Gasthaus »Sonne« in Waldkirch-Kollnau. Dort werden die Speisen vorwiegend aus Produkten des ökologischen Landbaus zubereitet.

Die Erzeuger-Verbraucher-Assoziation St. Ulrich (EVA) wurde auf Initiative der katholischen Landvolkshochschule St. Ulrich gegründet und hat 22 Mitglieder. In der EVA sind sowohl Betriebe organisiert, die nach den Richtlinien des ökologischen Landbaus wirtschaften, als auch konventionelle Betriebe und Betriebe, die integrierte Methoden anwenden.

Adressen:

Märktscheese, Damenstr. 3, 79183 Waldkirch, Telefon: 0 76 81/ 30 72

EVA St. Ulrich, c/o Kath. Landvolkshochschule St. Ulrich, 79283 Bollschweil,
Telefon: 0 76 02/500

Einkaufsgemeinschaften

In sogenannten Kooperativen, »Food-Coops« oder Einkaufsgemeinschaften haben sich Verbraucher zusammengeschlossen, deren Ziel meist der kostengünstige Bezug von qualitativ hochwertigen Nahrungsmitteln ist. Durch den Bezug großer Mengen durch die Einkaufsgemeinschaft können die Nahrungsmittel preiswerter gekauft werden. Der Einkauf wird innerhalb der Gruppe organisiert. Meist wird ein Raum angemietet, in dem zu festen Zeiten die Erzeugnisse an die Mitglieder verkauft werden. Der Verkaufsraum dient im Normalfall auch als Lagerraum für die haltbaren Trockenprodukte. Durch die Einkaufgemeinschaften wird vermieden, daß alle Kunden einzeln auf die Höfe fahren.

Einkaufsgemeinschaften erfordern jedoch einen hohen Aufwand an Organisation und Engagement. Wenn das Zusammentragen der Bestellungen, das Einkaufen und das Verteilen an wenigen und immer den gleichen Personen hängen bleibt, entstehen Konflikte und Probleme.

Häufig teilen sich Einkaufsgemeinschaften, wenn sie größer werden. Sonst steigt der Organisationsaufwand für die meist wenigen aktiven Mitglieder, und der persönliche Zusammenhang - der für die ehrenamtliche Arbeit sehr wichtig ist - nimmt sogar ab. Trotzdem sind die Größenordnungen von Einkaufsgemeinschaften sehr variabel. Es gibt Einkaufsgemeinschaften mit eigenem Ladengeschäft, in dem auch Nicht-Mitglieder gegen Preisaufschlag einkaufen können, und es gibt kleine Nachbarschaftsgruppen von wenigen Haushalten, bei denen abwechselnd einer für alle einkauft.

Einige Adressen:

COOP Weingarten
c/o Stadtteilbüro Weingarten, Krozingerstr. 9, 79114 Freiburg
Verkaufszeiten Mi 17-19, Sa 10-12. Einkauf nur für Mitglieder, Probeeinkauf möglich. COOP-Sitzungen am jeweils letzten Montag im Monat, 20 Uhr. Weitere Informationen unter 0761 / 44 53 27, Elisabeth Lauck-Ndayi.

Demeter Assoziation Freiburg e.V.
Kapellenweg 22, 79100 Freiburg, Telefon: 0761/ 45 15 25.

Verbrauchergemeinschaft
c/o Hans-Peter Schmid, Rennerstr. 6, 79106 Freiburg, Telefon: 0761/ 28 07 12 zwischen 18 und 20 Uhr.

Rechtliche Bestimmungen und Handelsklassen

Die Erzeuger können gelegentlich ihre Waren nicht so anbieten, wie es die Verbraucher gerne hätten, weil die Bestimmungen des Lebensmittelrechts eingehalten werden müssen. So dürfen bei Rindfleisch nur Viertel, bei Schweinefleisch nur Hälften und bei Lammfleisch nur ganze Tiere angeboten werden. Milch darf nur ab Hof verkauft werden, keinesfalls darf sie von den Erzeugern an die Kunden geliefert werden.

Aber der Ab-Hof-Verkauf bietet auch Vorteile. Bei Erzeugnissen, die auf dem Erzeugerbetrieb verkauft werden, müssen die Waren nicht in Handelsklassen eingestuft werden. Dies ist von Vorteil, weil sich die

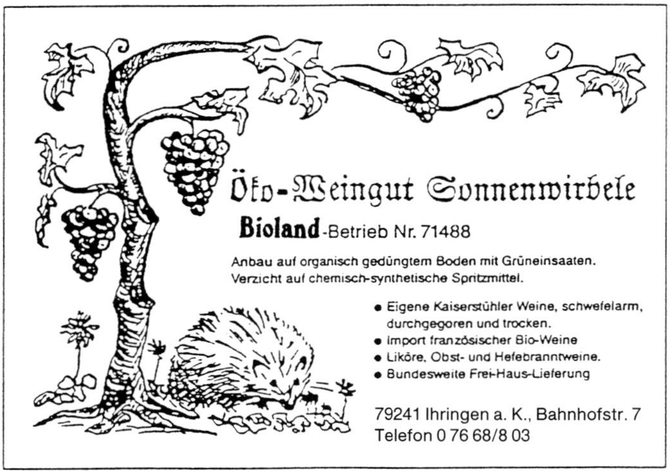

AUS UNSEREM ANGEBOT :

1991er	MÜLLER-THURGAU Bleichheimer Kaiserberg Fruchtiger Trinkwein wie Nr. 1	1,0 l	Qualitätswein	DM	7,80
1989er	MÜLLER-THURGAU Bickensohler Herrenstück Ausgereifter Wein mit schönem, vollem Muskatbukett	0,75 l	Kabinett	DM	8,20
1990er	MÜLLER-THURGAU Wagenstadter Hummelburg Fülliges Bukett, voll im Geschmack	0,75 l	Spätlese	DM	9,50
1989er	SILVANER Burkheimer Schloßgarten Duftig-harmonischer Wein mit feinem Aroma	0,75 l	Kabinett	DM	9,50
1990er	GRAUER BURGUNDER Ruländer, Bickensohler Herrenstück Rassiger Wein mit feinem Honigbukett	0,75 l	Spätlese	DM	12,80
1989er	SPÄTBURGUNDER WEISSHERBST Merdinger Bühl Ausgereifter Wein mit frisch-harmonischer Säure	0,75 l	Kabinett	DM	10,80
1990er	SPÄTBURGUNDER WEISSHERBST Merdinger Bühl Reifes Bukett, fruchtige Fülle, harmonische Säure	0,75 l	Spätlese	DM	12,80
1990er	SPÄTBURGUNDER ROTWEIN Merdinger Bühl Herzhaft-frischer Wein mit fein-herber Säure, holzfassgereift	0,75 l	Kabinett	DM	11,30

AUSLIEFERUNG:

Nach FREIBURG und Umgebung können wir Sie wöchentlich frei Haus beliefern ab 12 Flaschen Mindestabnahme – Anruf oder Postkarte genügt. Als SONDERAKTION bringen wir Ihnen ein PROBEPAKET mit 6 Flaschen aus obiger Liste für 58,– DM auf Wunsch vorbei. Bitte fordern Sie die Gesamtliste und unser Info an!

rechtliche Einteilung leider an Kriterien orientiert, die einen intensiven Mineraldünger- und Pestizideinsatz geradezu herausfordern oder gar nötig machen. Handelsklassen, sind auf die Bedürfnisse von Handel und industriellen Verarbeitern orientiert. Transportfähigkeit, gute Eignung für Lagerung und industrielle Verarbeitung stehen im Vordergrund. Auch die äußerliche Form und das Aussehen werden bevorzugt bewertet.

Beispiel Möhren, Handelsklasse »extra«: Sie müssen ganz, glatt, von frischem Aussehen, gut geformt, nicht gespalten sein. Eine leicht grüne oder blaurote Färbung am Kopf ist unzulässig.

Bei Äpfeln können nur ganz bestimmte Sorten in die Handelsklasse »Auslese« kommen. Dies hat dazu geführt, daß viele traditionelle Sorten nicht mehr angebaut werden und teilweise vom Aussterben bedroht sind.

Wertgebende Inhaltsstoffe wie z.B. Mineralstoffe oder Vitamine, der Geschmack, die Art des Anbaus, die Lagerfähigkeit oder die Rückstandsarmut - Kriterien, auf die Verbraucher und Ernährungswissenschaftler besonderen Wert legen - bleiben derzeit bei den Handelsklassen unberücksichtigt.

Markenzeichen - Warenzeichen

Wie die Verbände des ökologischen Landbaus heißen und welche Qualitätskriterien sie garantieren, wird in dieser Broschüre an anderer Stelle beschrieben. Sie werden es aber als Verbraucher gelegentlich auch mit anderen Zeichen oder Verbänden zu tun haben. Daher sollen im folgenden drei Markenzeichen vorgestellt werden.

»Unser Gutes«: Qualitätsfleisch aus dem Hochschwarzwald

Unter diesem Motto haben sich Bäuerinnen und Bauern aus dem Schwarzwald zusammengeschlossen, die vor allem - aber nicht nur - Fleisch anbieten. Manche von ihnen sind auf dem Weg, Mitglied in einem Verband des ökologischen Landbaus zu werden, einige sind es bereits. Bislang lohnt sich eine Mitgliedschaft in einem Verband des ökologischen Landbaus für diese Betriebe jedoch noch nicht, da ein nennenswerter Markt für Bio-Fleisch noch nicht existiert. So haben sich diese Erzeuger zusammengetan und eigene Richtlinien entwickelt, die den Anforderungen des ökologischen Anbaus recht nahe kommen: Auf chemisch-synthetische Mittel wird bei der Weidewirtschaft und im Ackerbau verzichtet. Grundlage der Düngung sind die hofeigenen Dünger wie Mist und Gülle. Die Tierhaltung ist extensiv. Es werden höchstens 1,5 Großvieheinheiten je Hektar gehalten (eine Großvieheinheit ist ein Tier mit 500 kg - das ist etwa das Gewicht einer Kuh - oder es sind mehrere kleinere Tiere - z.B. Kälber - mit zusammen etwa 500 kg).

Futtermittel aus Ländern außerhalb der Europäischen Gemeinschaft werden aus Solidarität mit den Menschen der Dritten Welt nicht eingesetzt.

Der Einsatz von Wachstums- und Leistungsförderern sowie von Antibiotika und Hormonen in der Tierhaltung ist tabu.

Der Liegebereich der Tiere wird mit Stroh oder anderen organischen Substanzen eingestreut. Masttiere werden nicht angebunden. Ein vorbeugender Einsatz von Medikamenten findet nicht statt.

Ein unabhängiges Kontrollsystem haben diese Erzeuger noch nicht aufgebaut, so daß es sich zum gegenwärtigen Zeitpunkt um ein »Qualitätsversprechen« handelt.

»Gut zu wissen, was man ißt und trinkt: Herkunft und Qualität aus Baden-Württemberg«

Dieses Zeichen erscheint mit verschiedenen Untertiteln: z.B. »Rindfleisch aus kontrollierter Erzeugung« oder »aus integriertem und kontrolliertem Anbau«.

Vielleicht wird dieses Zeichen auch Ihnen begegnen. Mit diesem Zeichen versucht die Landesregierung die heimische Landwirtschaft zu stärken. Es wurde allerdings nicht für die Direktvermarkter entwickelt, sondern vor allem für den Handel. Für verschiedene Bereiche wie Obstbau, Gemüsebau oder die Rindfleischerzeugung wurden Richtlinien erarbeitet. Viele Erkenntnisse über schonende Anbaumethoden sind eingeflossen. Unter anderem wird auch der »vorrangige Einsatz biotechnischer Pflanzenschutzmaßnahmen« gefordert. Auch Hecken, Feldgehölze und Ackerrandstreifen für den Artenschutz sollen wieder geschaffen werden. Aber ein völliges Abwenden von chemisch-synthetischen Mitteln oder eine Kreislaufwirtschaft werden noch nicht angestrebt.

Die Meinungen über den Sinn und Zweck dieses Zeichens gehen weit auseinander: Ein wichtiger Schritt in Richtung umweltfreundliche Landwirtschaft, sagen die einen - ein schönes Zeichen, ohne daß sich in der Landwirtschaft wirklich etwas geändert hat, sagen die anderen. Wenn Sie auf dem Hof einkaufen, können sie Bäuerinnen und Bauern fragen: wie sieht ihre Anbauweise wirklich aus?

„Gut zu wissen was man ißt und trinkt..."

HERKUNFT UND QUALITÄT · BADEN-WÜRTTEMBERG ·

MINISTERIUM FÜR LÄNDLICHEN RAUM, ERNÄHRUNG, LANDWIRTSCHAFT UND FORSTEN

ZEICHENTRÄGER

AUS INTEGRIERTEM UND
KONTROLLIERTEM ANBAU.

»Einkaufen auf dem Bauernhof«

Bei einigen Direktvermarktern finden Sie ein vor kurzem neu entwickeltes Zeichen: ein grünes Bauernhoftor in einem roten Quadrat. Es ist das Zeichen der »Fördergemeinschaft Einkaufen auf dem Bauernhof«. Es wird vergeben vom Bauernverband und in einigen Bundesländern von den halbstaatlichen Landwirtschaftskammern (die in etwa die Aufgabe der baden-württembergischen Landwirtschaftsämter haben).

Es wurde vornehmlich dazu geschaffen, Direktvermarkter von Händlern oder normalen Läden oder Fachgeschäften zu unterscheiden. Bei den Betrieben, die dieses Zeichen verwenden, muß mindestens die Hälfte der ab Hof oder auf dem Wochenmarkt verkauften Ware aus eigener Produktion sein.

Über die Anbauweise sagt dieses Zeichen jedoch nichts aus. Allerdings muß der Betriebsleiter oder die Betriebsleiterin eine landwirtschaftliche Ausbildung erfolgreich abgeschlossen haben und einen Nachweis erbringen, da ein Kurs zum Thema Pflanzenschutz absolviert wurde. Außerdem unterliegen derartige Betriebe der in der Ernährungswirtschaft üblichen Lebensmittelüberwachung.

Einkaufen auf dem Bauernhof

Das Nützliche mit dem Angenehmen verbinden!

Saisonal einkaufen

Gerade die Erzeuger unserer Region bieten eine vielfältige Produktpalette mit vielen Spezialitäten. Die Erzeugung von landwirtschaftlichen Produkten ist jedoch von der Natur und von den Jahreszeiten abhängig, so daß nicht zu jeder Zeit alle Produkte angeboten werden. Im Jahresverlauf ist die Variation jedoch überaus groß.

Beim Einkaufen direkt beim Erzeuger muß vor allem bei Obst und Gemüse das jahreszeitliche Angebot beachtet werden. Erdbeeren gibt es in unserer Gegend nur in den Monaten Juni und Juli. Äpfel aus heimischem Anbau sind trotz ihrer guten Lagerfähigkeit von April bis August meist nicht im Angebot enthalten. Bei Kartoffeln gibt es im April und Mai vor der Ernte der Frühkartoffeln gelegentlich Engpässe. Da Schafe nur zu bestimmten Jahreszeiten Lämmer bekommen, vermarkten die Direktvermarkter nicht zu jeder Zeit Lammfleisch. Wer eine Tiefkühltruhe hat, kann rechtzeitig einkaufen und sich einen Vorrat zulegen. Kartoffeln und viele Obst- und Gemüsearten lassen sich einkellern und lagern.

Ein ganzjähriges Angebot gibt es im allgemeinen bei Getreide, Milch, Rind- und Schweinefleisch sowie bei verarbeiteter Ware wie Wurst, Käse, Butter, Quark, Joghurt, Brot, Eiern, Wein, Saft und Honig. Bei Fleisch ist zu berücksichtigen, daß häufig nur geschlachtet wird, wenn sich genügend Verbraucher vorher angemeldet haben.

Die folgende Übersicht soll Ihnen einen Überblick darüber geben, wann welche Erzeugnisse im natürlichen Jahresgang zu haben sind.

Ernte- und Einkaufskalender

Kaufen Sie das Gemüse nach dem Motto: jedes zu seiner Zeit, nicht alles zu jeder Zeit.
Die angegebenen Monate sind die, in denen das Gemüse frisch aus dem Freilandanbau auf den Markt kommt.

	Jan.	Febr.	März	April	Mai	Juni	Juli	Aug.	Sept.	Okt.	Nov.	Dez.
Artischocken			•	•	•							
Sellerie						•	•	•	•	•		
Blumenkohl						•	•	•		•	•	
Bohnen							•	•	•			
Dicke Bohnen							•	•				
Broccoli								•	•	•		
Chicorée			•	•	•							
Eichblattsalat						•	•	•	•			
Eissalat					•	•	•	•	•	•		
Endiviensalat	•	•	•				•	•	•	•		•
Erbsen							•	•	•			
Feldsalat	•	•								•	•	•
Fenchelgemüse							•	•	•	•		
Grünkohl	•	•									•	•
Gurken							•	•	•			
Kartoffeln	•	•							•	•	•	•
Kohlrabi				•	•	•	•	•	•	•	•	
Kopfsalat					•	•	•	•	•			
Kürbis								•	•	•		
Mangold			•	•	•							
Melonen						•	•	•	•	•		
Möhren	•	•	•	•				•	•	•	•	•
Paprikaschoten	•							•	•	•	•	•
Petersilie	•	•	•	•	•	•	•	•	•	•	•	•
Porree								•	•	•	•	•
Radieschen				•	•	•	•	•	•	•		
Radicchio	•	•	•					•	•	•		•
Rhabarber				•	•							
Rosenkohl	•	•								•	•	•
Rote Beete	•	•								•	•	•
Rotkohl	•	•	•				•	•	•	•	•	•
Schwarzwurzeln	•	•	•								•	•
Sellerieknollen	•	•							•	•	•	•
Spargel					•	•						
Spinat			•	•	•				•	•	•	
Spitzkohl				•	•	•						
Steckrüben	•	•	•								•	•
Tomaten						•	•	•	•	•		
Weißkohl	•	•	•					•	•	•	•	•
Wirsing	•	•	•				•	•	•	•	•	•
Zucchini							•	•	•	•		
Zuckermais								•	•	•	•	
Zwiebeln	•	•	•	•				•	•	•	•	•

Adreßteil

Adressen direktvermarktender landwirtschaftlicher Betriebe in Freiburg und im Umland

Wenn die Betriebe einem Verband des Ökologischen Landbaus (Bioland, Bundesverband Ökologischer Weinbau (BÖW), Demeter, Naturland) oder dem Zusammenschluß der Schwarzwaldbauern (Unser Gutes) angehören, ist dies unter **Verband** vermerkt. Haben die Betriebe Angaben gemacht wie z.B. »Integrierter Anbau«, erscheint dies unter **Bemerkungen.**

Beim **Warenangebot** sind die von den Betrieben gemachten Angaben wiedergegeben. Dies kann dazu führen, daß bei Betrieben mit einem reichhaltigen Angebot nur »Gemüse« oder »Obst« vermerkt ist, bei Betrieben, die eine kleinere Auswahl anbieten, das Angebot dann genauer beschrieben ist (z.B. Karotten und Kartoffeln oder Äpfel und Zwetschgen).

Öffentliche Verkehrsmittel oder Wegbeschreibung für eine Anfahrt mit dem Pkw: Wenn von den Betrieben Haltestellen genannt wurden, sind die Bahn- oder Buslinie und die Haltestellen aufgeführt. In anderen Fällen ist die Bus- oder Bahnlinie vermerkt worden, mit der der Ort zu erreichen ist, in dem der Hof liegt.

Achtung: Die auf dem Liniennetzplan der Verkehrsgemeinschaft Freiburg verzeichneten Linien stimmen nicht mit den Nummern in den Fahrplänen der SBG (Südbaden Bus GmbH) überein. Im folgenden werden die Liniennummern der SBG (9xxx) verwendet:

211 = 9211, 221 = 9221, 231 = 9231, 241 = 9241, 242 =9242, 261 = 9261, 264 = 9264, 281 = 9281.

Bioland-Gärtnerei Zipf
Eisenbahnstr. 39
77972 Mahlberg
Telefon: 07825/655

Verband: Bioland
Bemerkungen: -

Warenangebot: Gemüse

Verkaufszeiten ab Hof: Mi und Fr 16.30-18,
Di und Sa Markt in Lahr, Sa Freiburg Münstermarkt

Anbindung an öffentliche Verkehrsmittel oder Wegbeschreibung für Anfahrt mit Pkw: keine Angaben
Die Gärtnerei Zipf wurde trotz der relativ großen Entfernung von Freiburg ins Verzeichnis aufgenommen, da sie auf dem Wochenmarkt am Münster regelmäßig einen Stand betreibt.

Martin Faber
Weingut Faber
Brennerei
Langgasse 5
79111 Freiburg-St. Georgen

Telefon: 0761/ 43463

Verband: -
Bemerkungen: kontrolliert umweltschonend

Warenangebot: Wein, Schnaps, Trauben, während der Weinlese Traubensaft

Verkaufszeiten: Mo-Sa 8.30-13. Mo, Di, Do, Fr auch 15-18.30

Anbindung an öffentliche Verkehrsmittel oder Wegbeschreibung für Anfahrt mit Pkw:
Bus (11, 14): Obergasse, Friedhof

Josef Kleine-König
Verkaufsraum
Reutebachgasse 24
79108 Freiburg-Zähringen
Telefon: 0761/32154

Verband: Bioland (B.Nr. 78686)
Bemerkungen: Anbau in Vörstetten/Gundelfingen

Warenangebot: Gemüse

Verkaufszeiten: Di 8.30-11, Fr 16.30 -18.30, liefert auch an die Haustür
Münstermarkt Sa 14tägig

Anbindung an öffentliche Verkehrsmittel oder Wegbeschreibung für Anfahrt mit Pkw:
Straßenbahn (2): Endhaltestelle Zähringen, nächste Straße rechts

---

Friedrich Müller
Klosterhof
Klosterweg 1
79194 Gundelfingen
Telefon: 0761/ 585902

Verband: BIOLAND
Bemerkungen: -

Warenangebot: Getreide, Milchprodukte, Gemüse

Verkaufszeiten: Di, Fr ab 17.30
Markt Gundelfingen Fr ab 14

Anbindung an öffentliche Verkehrsmittel oder Wegbeschreibung für Anfahrt mit Pkw:
Bahn: Gundelfingen
Bus (7200, 7205, 7206, 7272): Gundelfingen

Jörg Scheel
Weingut Sonnenbrunnen
Unterdorf 30
79112 Freiburg-Opfingen
Telefon: 07664/59273

Verband: BÖW
Bemerkungen: -

Warenangebot: Wein, Trauben, Schnäpse

Verkaufszeiten ab Hof: Mo-Sa 9-12.30 und 15-18.30, Mi und Sa nachmittags geschlossen

Anbindung an öffentliche Verkehrsmittel oder Wegbeschreibung für Anfahrt mit Pkw: Bus (32, 33): Haltestelle Opfingen Rathaus

---

Klaus Vorgrimmler
Erentrudisstr. 63
79112 Freiburg-Munzingen
Telefon: 07664/2489

Verband: BÖW
Bemerkungen: -

Warenangebot: Wein, Branntweine, Liköre, Spargel (weiß/grün), Rhabarber, Gemüse, Zuckermais,

Verkaufszeiten ab Hof: n.tel.V., in der Spargelzeit täglich

Anbindung an öffentliche Verkehrsmittel oder Wegbeschreibung für Anfahrt mit Pkw: Bus (14): Munzingen

---

Detlev Abel
Sonnenhof
Sonnenhof 1
79258 Hartheim
Telefon: 07633/3402

Verband: -
Bemerkungen: -

Warenangebot: Eier, Geflügel, Teigwaren

Verkaufszeiten ab Hof: Mo-Fr 8-18.30, Mi und Sa bis 13 Uhr

Anbindung an öffentliche Verkehrsmittel oder Wegbeschreibung für Anfahrt mit Pkw: Bus (9241, 9242, 9243): Hartheim Rathaus
Pkw: In Hartheim auf der Rheinstr. ca. 1,5 km in Richtung Breisach

---

Michael Frädrich
Am Eckbach 15
79283 Bollschweil
Telefon: 07633/82204

Verband: Bioland
Bemerkungen: -

Warenangebot: Obst, Gemüse, Kartoffeln, Kräuter

Verkaufszeiten ab Hof: n.tel.V.

Anbindung an öffentliche Verkehrsmittel oder Wegbeschreibung für Anfahrt mit Pkw: Bus (7208): Bollschweil

---

Susanne Hagen
Kräutergarten
Heimstr. 1
79279 Vörstetten
Telefon: 07666/8378

Verband: Bioland
Bemerkungen: -

Warenangebot: Kartoffeln, Feingemüse, Obst, Säfte, Wein, Honig

Verkaufszeiten ab Hof: Di und Fr 17-19,
Freiburg Münstermarkt Sa

Anbindung an öffentliche Verkehrsmittel oder Wegbeschreibung für Anfahrt mit Pkw: Bus (201): Schupfholzerstr. Haltestelle beim Feuerwehrhaus

---

Elsa und Bernd Hörner
Baslerstr. 74
79227 Schallstadt-Wolfenweiler
Telefon: 07664/7444

Verband: -
Bemerkungen: Integrierter Pflanzenschutz im Obstbau

Warenangebot: Obst, Schnaps, Most, Wein

Verkaufszeiten ab Hof: Mo-Sa 8-18.30

Anbindung an öffentliche Verkehrsmittel oder Wegbeschreibung für Anfahrt mit Pkw: Bus (9241, 7240): Wolfenweiler

---

Helga und Erich Küchlin
Böttchehof
Baslerstr. 76a
79227 Schallstadt-Wolfenweiler
Telefon: 07664/7377

Verband: -
Bemerkungen: Integrierter Anbau

Warenangebot: Gemüse, Obst, Butter, Käse, Wurst, Eier, Saft, Schnaps, Most u.a.

Verkaufszeiten ab Hof: Bauernmarkt Sa 8-13 Uhr auf dem eigenen Hof

Anbindung an öffentliche Verkehrsmittel oder Wegbeschreibung für Anfahrt mit Pkw: Bus (7240, 9241): Wolfenweiler

---

Lebrecht Schneider
Dachswanger Mühle
79224 Umkirch
Telefon: 07665/7529

Verband: Bioland
Bemerkungen: -

Warenangebot: Getreide, Kartoffeln, Schweinefleisch

Verkaufszeiten ab Hof: n.tel.V.

Anbindung an öffentliche Verkehrsmittel oder Wegbeschreibung für Anfahrt mit Pkw: Pkw: Umkirch => Gottenheim, ca 1,5 km nach Ortsende Umkirch links abbiegen (geteerter Feldweg)

Harald Süssle
Stockbrunnengasse 6
79291 Merdingen
Telefon: 07668/7516

Verband: BÖW
Bemerkungen: -

Warenangebot: Wein

Verkaufszeiten ab Hof: n.tel.V.

Anbindung an öffentliche Verkehrsmittel oder Wegbeschreibung für Anfahrt mit Pkw: Bus (31, 9007, 9008): Merdingen Sonne

---

Martin Uffheil
Gottenheimerstr. 9
79224 Umkirch
Telefon: 07665/5545

Verband: BÖW
Bemerkungen: -

Warenangebot: Wein

Verkaufszeiten ab Hof: n.tel.V.

Anbindung an öffentliche Verkehrsmittel oder Wegbeschreibung für Anfahrt mit Pkw: Bus (31, 32, 33): Umkirch Adler

---

Uwe Kunz
Hauptstr. 1
79238 Ehrenkirchen-Offnadingen
Telefon: 07633/3286

Verband: -
Bemerkungen: Integrierter Obstbau

Warenangebot: Äpfel, Birnen, Kirschen, Zwetschgen, div. Beeren, Edelbranntweine, Nüsse, Most, Schnaps

Verkaufszeiten ab Hof: Mo-Fr 11-12, Sa und So 8-12 und n.tel.V.

Anbindung an öffentliche Verkehrsmittel oder Wegbeschreibung für Anfahrt mit Pkw: Bus (7240): Biengenerstraße
Von Freiburg => Bad Krozingen zwischen Norsingen und Bad Krozingen nach der Bachbrücke rechts ab => Offnadingen, gerade aus => Biengen, letzter Hof auf der rechten Seite

---

Hexentäler Bauernladen
Lebhaldenhof
79249 Merzhausen
Telefon: 0761/405900

Verband: -
Bemerkungen -

Warenangebot: Obst, Gemüse, Kartoffeln, Eier, Wurst, Butter, Käse, Brot, Getreide, Nudeln, Säfte, Weine, Schnäpse

Verkaufszeiten ab Hof: Mi, Fr 15-18.30, Sa 9-12.30

Anbindungen an öffentliche Verkehrsmittel oder Wegbeschreibung für Anfahrt mit Pkw: Bus (SBG 7208; VAG 10): Merzhausen

---

Adolf und Matthias Höfflin
Schambachhof
79268 Bötzingen
Telefon: 07663/1474

Verband: Bioland
Bemerkungen: -

Warenangebot: Obst, Wein

Verkaufszeiten ab Hof: n.tel.V.

Anbindung an öffentliche Verkehrsmittel oder Wegbeschreibung für Anfahrt mit Pkw:
Bus (7211 und 297 ab FR-Moosweiher): Bötzingen Sonne
Bahn (101/724): Bötzingen
Fußweg ab Sonne oder Haltepunkt 1,5 km
Auto: Schambachhof ist ab Bötzingen ausgeschildert

Isolde und Martin Wernet
Hansenhof
Bachere 5
79215 Elzach-Prechtal
Telefon: 076882/7834

Verband: Demeter
Bemerkungen: -

Warenangebot: Milchprodukte, Getreide, Kartoffeln, Fleisch

Verkaufszeiten ab Hof: n.tel.V.

Anbindung an öffentliche Verkehrsmittel oder Wegbeschreibung für Anfahrt mit Pkw: Bus (7206): Pelzmühle (2 km vom Hof)

Hubert und Angelika Baier
Schmiederhof
Kohlenbach 8a
79183 Waldkirch-Kollnau
Telefon: 07681/22700

Verband: -
Bemerkungen: -

Warenangebot: Fleisch (Baby-Beef)

Verkaufszeiten ab Hof: n.tel.V.

Anbindung an öffentliche Verkehrsmittel oder Wegbeschreibung für Anfahrt mit Pkw: Bus (7206, 7207): Kollnau
Bahn (718): Kollnau
Von Kollnau bis zum Schmiederhof ca. 1,5 km

Bernhard Kapp
Obsthof Kapp
Langgasse 6
79183 Waldkirch-Buchholz
Telefon: 07681/6447

Verband: -
Bemerkungen: -

Warenangebot: Obst (Äpfel, Birnen, Himbeeren, Erdbeeren), Schnaps, Likör, Most, Wein

Verkaufszeiten ab Hof: Mo-Sa 9-12 und 14.30-18.30, Mi und Sa nachmittags geschlossen
Anbindung an öffentliche Verkehrsmittel oder Wegbeschreibung für Anfahrt mit Pkw: Bus (7201): Buchholz
Bahn (718): Buchholz
Pkw: Freiburg => Emmendingen, Abfahrt Buchholz, vor Gasthaus Rebstock links abbiegen, zweites Haus rechts

---

Siegfried Moosmann
Weingut Moosmann
Alte Dorfstr. 32
79183 Waldkirch-Buchholz
Telefon: 07681/6447

Verband: -
Bemerkungen: Umweltschonender Weinbau

Warenangebot: Wein, Winzersekt, Obstbrände

Verkaufszeiten ab Hof: täglich 8-12 und 14-19

Anbindung an öffentliche Verkehrsmittel oder Wegbeschreibung für Anfahrt mit Pkw: Bus (7201, 7207): Buchholz
Bahn (718): Buchholz

Christoph Höfflin
Südhof
79211 Denzlingen
Telefon: 07666/2698

Verband: Bioland
Bemerkungen: -

Warenangebot: Getreide, Obst, Gemüse, Apfelsaft

Verkaufszeiten ab Hof: Di und Fr 17-19,
Waldkirch Marktplatz: Mi und Sa

Anbindung an öffentliche Verkehrsmittel oder Wegbeschreibung für Anfahrt mit Pkw: mit öffentlichen Verkehrsmitteln nicht zu erreichen

---

Winzergenossenschaft Laufen eG
Weinstr. 48
79295 Sulzburg-Laufen
Telefon: 07634/714 und 715

Verband: -
Bemerkungen: Einige Mitglieder sind dem BÖW angeschlossen

Warenangebot: Wein

Verkaufszeiten: Mo-Fr 8-12, 13.30-17, Sa 9-12

Anbindung an öffentliche Verkehrsmittel oder Wegbeschreibung für Anfahrt mit Pkw: keine Angaben

---

Wendelin Brugger
Weingut Wendelin Brugger
Bachtelgasse 8
79295 Laufen
Telefon: 07634/8957

Verband: BÖW, Bioland
Bemerkungen: -

Warenangebot: Wein, Getreide

Verkaufszeiten ab Hof: n.tel.V. und vormittags oder nach 18 Uhr

Anbindung an öffentliche Verkehrsmittel oder Wegbeschreibung für Anfahrt mit Pkw: Bus (9261): Laufen Dorfbrunnen

---

Max und Gabi Schwär
Wolfsteigehof
Eichwaldstr. 5
79274 St. Peter
Telefon: 07660/255

Verband: -
Bemerkungen: -

Warenangebot: Angus-Beef: Junges Rindfleisch

Verkaufszeiten ab Hof: n.tel.V.

Anbindung an öffentliche Verkehrsmittel oder Wegbeschreibung für Anfahrt mit Pkw: mit öffentlichen Verkehrsmitteln nicht zu errreichen
Pkw: Von Freiburg B 31 hinter Zarten => Stegen/St.Peter; am Abzweig nach St. Peter vorbei; nach ca. 1 km links => Unteribental; ca 8 km geradeaus, nach Gasthof Hirschen zweiter Hof auf der rechten Seite

---

Urban und Agnes Gremmelspacher
Schafhof
Eichwaldstr. 1
79274 St. Peter
Telefon: 0 76 60/ 242

Verband: -
Bemerkungen: Mutterkuhhaltung

Warenangebot: Kalbfleisch aus Deutsch-Angus Mutterkuhhaltung

Verkaufszeiten ab Hof: n. tel. V.

Anbindung an öffentliche Verkehrsmittel oder Wegbeschreibung für Anfahrt mit Pkw: Bus (7216): St. Peter

---

Hans und Maria Frey
Freienhof
Eichwaldstr. 3
79274 St. Peter
Telefon: 07660/451

Verband: Demeter
Bemerkungen: -

Warenangebot: Fleisch, echtes Angus-Rind

Verkaufszeiten ab Hof: n.tel.V.

Anbindung an öffentliche Verkehrsmittel oder Wegbeschreibung für Anfahrt mit Pkw: mit öffentlichen Verkehrsmitteln nicht erreichbar

---

Martin und Hannelore Cammerer
Eisenbahnstr. 1
79189 Bad Krozingen-Tunsel
Telefon: 07633/3797

Verband: -
Bemerkungen: Geflügel in Bodenhaltung

Warenangebot: Obst, Gemüse, Kartoffeln, Eier, Geflügel, Weihnachtsbäume, Eierlikör, hausm. Dosenwurst, Bauernspeck, Brot

Verkaufszeiten ab Hof: Di 15-18.30, Fr 8-12.30, 14.30-18.30, Sa 8-15, Bad Krozingen Markt Sa

Anbindung an öffentliche Verkehrsmittel oder Wegbeschreibung für Anfahrt mit Pkw: Bus (7240): Tunsel

---

Rolf Ruf
Lindenhof
St. Michaelstr. 51
79189 Bad Krozingen-Tunsel
Telefon: 07633/3644

Verband: -
Bemerkungen: Umweltfreundlicher Weinbau

Warenangebot: Spargel, Obst, Kartoffeln, Wein, Schnaps

Verkaufszeiten ab Hof: täglich 9-12 und 14-18 Uhr

Anbindung an öffentliche Verkehrsmittel oder Wegbeschreibung für Anfahrt mit Pkw: Bus (7240): Tunsel Linde

---

Josef Pfändler
Pfändlerhof
Bundesstr. 41
79199 Kirchzarten-Zarten
Telefon: 07661/61155

Verband: -
Bemerkungen: -

Warenangebot: Rind- und Kalbfleisch

Verkaufszeiten ab Hof: n.tel.V.

Anbindung an öffentliche Verkehrsmittel oder Wegbeschreibung für Anfahrt mit Pkw: Bus (7215, 7216): Kirchzarten Zarten
Pkw: B 31 Richtung Donaueschingen, in Zarten erster Hof rechts

---

Klaus Labudde
Öko-Weingut Rebschneckle
Riedengartenstr. 35
79241 Ihringen
Telefon: 07668/7213

Verband: Bioland
Bemerkungen: -

Warenangebot: Weine aus eigenem Anbau und aus Frankreich, Italien, Spanien

Verkaufszeiten ab Hof: Di-Fr 8.30-12.30 und 13.30-15.30, n.tel.V. Auch Versand

Anbindung an öffentliche Verkehrsmittel oder Wegbeschreibung für Anfahrt mit Pkw: Bus (7211): Ihringen Ortsmitte
Bahn (719): Ihringen

Hubert Lay
Weingut
Scherkhofenstr. 52
79241 Ihringen
Telefon: 07668/1870

Verband: BÖW
Bemerkungen: -

Warenangebot: Wein, Branntwein

Verkaufszeiten ab Hof: n.tel.V.

Anbindung an öffentliche Verkehrsmittel oder Wegbeschreibung für Anfahrt mit Pkw: Bus (7211): Winzerstube
Bahn (719): Bahnhof Ihringen

Anne Peschlow und Uli Gierschner
Weingut Sonnenwirbele
Bahnhofstr. 7
79241 Ihringen
Telefon: 07668/803

Verband: Bioland
Bemerkungen: -

Warenangebot: Wein, Sekt, Branntwein, Likör

Verkaufszeiten ab Hof: n.tel.V.

Anbindung an öffentliche Verkehrsmittel oder Wegbeschreibung für Anfahrt mit Pkw: Bahn (719): Ihringen
Bus (7211): Bahnhof Ihringen; Hof direkt gegenüber Bahnhof
Bahn (719): Ihringen

Reinhold und Helga Pix
Eisenbahnstr. 19
79241 Ihringen
Telefon: 07668/879

Verband: Bioland
Bemerkungen: -

Warenangebot: Wein, Kartoffeln, Milch, Käse, Eier, Fleisch, Wurst, Getreide

Verkaufszeiten ab Hof: n.tel.V.

Anbindung an öffentliche Verkehrsmittel oder Wegbeschreibung für Anfahrt mit Pkw: Bus (7211): Ihringen
Bahn (719): Ihringen

Eckhardt und Rainer Bercher
Weingut Bercher
Mittelstadt 13
79235 Vogtsburg-Burkheim
Telefon: 07662/8279

Verband: -
Bemerkungen: Staatlich geprüfter umweltschonender Weinbau, Integrierter Obstbau

Warenangebot: Wein, Branntweine

Verkaufszeiten ab Hof: Mo-Sa 8-12 und 13-18

Anbindung an öffentliche Verkehrsmittel oder Wegbeschreibung für Anfahrt mit Pkw: Bahn (102/723): Haltestelle: Burkheim-Bischoffingen
Der Hof liegt in der Ortsmitte von Burkheim

Philipp Isele
Weingut Familie Philipp Isele
Winzerweg 5
79235 Achkarren
Telefon: 07662/6347

Verband: BÖW, Demeter
Bemerkungen: -

Warenangebot: Wein, Kartoffeln, Getreide

Verkaufszeiten ab Hof: täglich von 8-20 Uhr

Anbindung an öffentliche Verkehrsmittel oder Wegbeschreibung für Anfahrt mit Pkw: Bahn (102/723): Bahnhof Achkarren; vom Bhf 2 km
Pkw: Ihringen => Achkarren; in Achkarren zweite Straße rechts ab, letztes Haus auf der linken Seite

---

Wolfgang Rath
Hessental
79235 Vogtsburg-Schelingen
Telefon: 07662/1765

Verband: Bioland
Bemerkungen: -

Warenangebot: Honig und andere Bienenprodukte, Eier, Rind-, Schaf- und Ziegenfleisch

Verkaufszeiten ab Hof: n.tel.V.

Anbindung an öffentliche Verkehrsmittel oder Wegbeschreibung für Anfahrt mit Pkw:
Bus (104): Schelingen
Pkw: In Schelingen beim Weingut Schätzle links, nach 100m links, nächste Möglichkeit rechts, bis zum Talende fahren

---

Hubert Schieß
Breitehof
Am Weinberg 11
79235 Burkheim
Telefon: 07662/342

Verband: Bioland
Bemerkungen: -

Warenangebot: Weizen, Roggen, Kartoffeln, in 25-kg-Säcken

Verkaufszeiten ab Hof: n.tel.V.

Anbindung an öffentliche Verkehrsmittel oder Wegbeschreibung für Anfahrt mit Pkw: Bahn (102/723): Bhf Burkheim-Bischoffingen

---

Norbert Weber
Obsthof
Bergstr. 23
79235 Vogtsburg-Bischoffingen
Telefon: 07662/6143

Verband: -
Bemerkungen: Integrierter Obstbau

Warenangebot: Obst

Verkaufszeiten ab Hof: n.tel.V.

Anbindung an öffentliche Verkehrsmittel oder Wegbeschreibung für Anfahrt mit Pkw: Bahn (102/723): Burkheim-Bischoffingen

---

Ralf Meissler
Mühlengasse 6
79211 Denzlingen
Telefon: 07666/4069
Verband: Bioland
Bemerkungen: -

Warenangebot: Obst, Gemüse, Kartoffeln, Heidelbeeren, Kräuter, Jungpflanzen

Verkaufszeiten ab Hof: n.tel.V.,
Denzlingen Markt: Fr
Freiburg Münstermarkt: Di und Sa

Anbindung an öffentliche Verkehrsmittel oder Wegbeschreibung für Anfahrt mit Pkw: Bus (7205, 7206, 7272, 203): Rathaus Denzlingen
Bahn (700): Denzlingen

Rudolf Hofmeier
Schlegelhof
Rudenberg
79822 Titisee-Neustadt
Telefon: 07651/2332

Verband: Naturland, Unser Gutes
Bemerkungen: -

Warenangebot: Kalbfleisch, Roggen, Dinkel, Kartoffeln

Verkaufszeiten ab Hof: n.tel.V.

Anbindung an öffentliche Verkehrsmittel oder Wegbeschreibung für Anfahrt mit Pkw: Bus (7262): ab Neustadt Bahnhof: Rudenberg Waldstadt
Pkw: Der Hof liegt im Ortsteil Rudenberg etwa in der Mitte des Ortes, oberhalb der Gaststätte Pauliwirt

---

Reinhold Hofmeier
Brücklehof
Neustädterstr. 77
79822 Titisee-Neustadt (Titisee)
Telefon: 07651/8683

Verband: Unser Gutes
Bemerkungen: -

Warenangebot: Rindfleisch, baby-beef

Verkaufszeiten ab Hof: n.tel.V.

Anbindung an öffentliche Verkehrsmittel oder Wegbeschreibung für Anfahrt mit Pkw: Bus (7256, 7257): Titisee Steurenthaler

---

Leo und Hilda Hog
Balzenhof
Eckbach
79822 Titisee-Neustadt-Jostal
Telefon: 07651/7995

Verband: Unser Gutes
Bemerkungen: -

Warenangebot: Jungmastrinder, Eier

Verkaufszeiten ab Hof: n.tel.V.

Anbindung an öffentliche Verkehrsmittel oder Wegbeschreibung für Anfahrt mit Pkw: Pkw: B 31 von FR Ausfahrt Neustadt West. Rechts Richtung Jostal/Kreiskrankenhaus. Jostalstraße hochfahren bis Abzweigung Eckbach. Nach drei Häusern der erste Hof rechts.

Otto Löffler
Fallerhof
Jostalstr. 80
79822 Titisee-Neustadt
Telefon: 07651/7996

Verband: Unser Gutes
Bemerkungen: -

Warenangebot: Kalb- und Rindfleisch, Butter, Holzofenbrot

Verkaufszeiten ab Hof: werktags 9-12 und 19.30-20.30 und n.tel.V.

Anbindung an öffentliche Verkehrsmittel oder Wegbeschreibung für Anfahrt mit Pkw: B31 Ausfahrt Neustadt-West, am Kreiskrankenhaus links ins Jostal; der Fallerhof liegt auf der rechten Seite, ca. 5 km nach Neustadt

---

Herbert Ott
Hesselhof
Schwärzenbach 9
79822 Titisee-Neustadt
Telefon: 07657/8989

Verband: Unser Gutes
Bemerkungen: -

Warenangebot: Kalb- und Rindfleisch

Verkaufszeiten ab Hof: n.tel.V.

Anbindung an öffentliche Verkehrsmittel oder Wegbeschreibung für Anfahrt mit Pkw: Pkw: Titisee-Neustadt, Ausfahrt Neustadt-West, ca. 2km => Neustadt, => Waldau bis Gasthaus Löwen (2km), => Schwärzenbach, ca. 1,5 km, Hofname angeschrieben

---

Bernhard Schwörer
Theisenbläsihof
Eckbach 10
79822 Titisee-Neustadt-Jostal
Telefon: 07651/5916

Verband: Unser Gutes
Bemerkungen: -

Warenangebot: Kalbfleisch

Verkaufszeiten ab Hof: werktags 12-13 und 19-20, Sa 13-17

Anbindung an öffentliche Verkehrsmittel oder Wegbeschreibung für Anfahrt mit Pkw: Pkw: Beim Kreiskrankenhaus Titisee-Neustadt abbiegen ins Jostal, => ca 6 km bis Abzweigung Eckbach (links); in Eckbach der zweite Hof, an der Hofeinfahrt befindet sich ein Wegkreuz

---

Paul Helmle
Gasthaus Ravennaschlucht
Ödenbach 6
79874 Breitnau
Telefon: 07652/365

Verband: Unser Gutes
Bemerkungen: -

Warenangebot: Rindfleisch (Baby-Beef, Bullenfleisch, Rindfleisch)

Verkaufszeiten ab Hof: n.tel.V.

Anbindung an öffentliche Verkehrsmittel oder Wegbeschreibung für Anfahrt mit Pkw: Bus (7216): Gasthaus Ravennaschlucht. Pkw: B 31 bis Hinterzarten, B 500 => Breitnau bis Gasthaus Ravenna-schlucht

---

Bertold Hog
Baierleshof
Am Rossberg 22
79874 Breitnau
Telefon: 07652/5228

Verband: -
Bemerkungen: -

Warenangebot: Fleisch der Angusrasse: Kalbfleisch (Baby-Beef), Rindfleisch, Jungbullenfleisch

Verkaufszeiten ab Hof: n.tel.V. (November - Februar)

Anbindung an öffentliche Verkehrsmittel oder Wegbeschreibung für Anfahrt mit Pkw: Bus (7216): Rathaus Breitnau (zum Hof ca. 400 m)

Helmut Hug
Franzseppenhof
Weißtannenweg 40
79874 Breitnau
Telefon: 07652/5173

Verband: Unser Gutes
Bemerkungen: -

Warenangebot: Baby-Beef-Fleisch (Freilauf-Milchmast-Rinder ca. 1/2-1 Jahr alt)

Verkaufszeiten ab Hof: n.tel.V.

Anbindung an öffentliche Verkehrsmittel oder Wegbeschreibung für Anfahrt mit Pkw: mit öffentlichen Verkehrsmitteln nicht zu erreichen
Pkw: B 31 => B 500 Breitnau, Gasthaus Löwen => Ortsteil Tiefen, Weißtannenweg 40 = ca. 1,8 km

---

Otto Schuler
Einsiedel Rainhof 40
79874 Breitnau-Jostal
Telefon: 07651/5901

Verband: Demeter, Unser Gutes
Bemerkungen: -

Warenangebot: Kalb- und Rindfleisch, baby-beef

Verkaufszeiten ab Hof: n.tel.V.

Anbindung an öffentliche Verkehrsmittel oder Wegbeschreibung für Anfahrt mit Pkw: mit öffentlichen Verkehrsmitteln nicht zu erreichen

---

Siegfried Fehrenbach
Urbanshof
Alpersbach 11
79856 Hinterzarten
Telefon: 07652/1546

Verband: Unser Gutes
Bemerkungen: -

Warenangebot: Kalb- und Rindfleisch

Verkaufszeiten ab Hof: n.tel.V. (anrufen 18-20)

Anbindung an öffentliche Verkehrsmittel oder Wegbeschreibung für Anfahrt mit Pkw: Bus (7216): Gasthof Esche

---

Ernst Grafmüller
Baslerstr. 26
79312 Emmendingen-Wasser
Telefon: 07641/47019

Verband: -
Bemerkungen: -

Warenangebot: Obst, Gemüse, Kartoffeln, Eier, Suppenhühner, Puten

Verkaufszeiten ab Hof: werktags 11-12 und 17.30-18.30 und n.tel.V., Sa Markt Emmendingen

Anbindung an öffentliche Verkehrsmittel oder Wegbeschreibung für Anfahrt mit Pkw: Bus (7200): Wasser Adler
Pkw: von FR links vor Pizzeria Adler, von EM rechts nach Pizzeria Adler

---

Ottmar Binder
Ransenstr. 51
79362 Forchheim
Telefon: 07642/3651 und 3103

Verband: -
Bemerkungen: Integrierter Pflanzenbau

Warenangebot: Kartoffeln, Zwiebeln, Gemüse, Obst, Schnaps

Verkaufszeiten ab Hof: Mo-Fr nach 18 und n.tel.V.

Anbindung an öffentliche Verkehrsmittel oder Wegbeschreibung für Anfahrt mit Pkw: Bus (105,106)

Adolf Gerhart
Aussiedlerhof
Sponeckstr. 102
79361 Sasbach-Jechtingen
Telefon: 07662/6117

Verband: -
Bemerkungen: -

Warenangebot: Obst, Gemüse, Spargel, Wein, Schnaps

Verkaufszeiten ab Hof: vormittags und n.tel.V.

Anbindung an öffentliche Verkehrsmittel oder Wegbeschreibung für Anfahrt mit Pkw: Bus (103): Jechtingen
Bahn: (102/723): Jechtingen
Pkw: Sasbach => Jechtingen, in Jechtingen 3. Straße über eine eiserne Brücke => Jägerhäusle. Letzter Aussiedlerhof auf der rechten Seite

---

Hermann Helde
Weingut Hermann Helde & Sohn
Emil Gött Str. 1
79361 Sasbach-Jechtingen
Telefon: 07662/6116

Verband: Bioland
Bemerkungen: -

Warenangebot: Getreide, Obst, Kartoffeln, Eier, Wein, Schnaps, Nüsse, Traubensaft,

Verkaufszeiten ab Hof: täglich ab 18 und n.tel.V.

Anbindung an öffentliche Verkehrsmittel oder Wegbeschreibung für Anfahrt mit Pkw: Bus (103): Ortschaftsverwaltung Jechtingen
Bahn (102/723): Jechtingen

Walter Schillinger
Seilerhof
Seilerhöfe 4
79350 Sexau
Telefon: 07645/1958

Verband: -
Bemerkungen: Obstbau ohne Pflanzenschutz

Warenangebot: Obst, Milch, Schnaps, Most

Verkaufszeiten ab Hof: Sa 9-12 und n.tel.V.

Anbindung an öffentliche Verkehrsmittel oder Wegbeschreibung für Anfahrt mit Pkw: Bus (9231): Seilerhöfe
Pkw: Von Ortsmitte Sexau 5 km östlich => Freiamt, Kreuzung Sonnenziel, 300 m, 2 mal rechts abbiegen

---

Gert Hügle
Kirchberghof
79341 Kenzingen-Bombach
Telefon: 07644/1261

Verband: BÖW
Bemerkungen: -

Warenangebot: Wein, Sekt

Verkaufszeiten ab Hof: Mo-Fr 8-12 und 13-19 Uhr, Sa 8-15 Uhr und n.tel.V.

Anbindung an öffentliche Verkehrsmittel oder Wegbeschreibung für Anfahrt mit Pkw: Bus (9281): Bombach
Pkw: Kenzingen => Bombach, erste Kreuzung rechts ab, beschildert Weingut Kirchberghof

---

Bernhard Jägle
Weingut
Balgerstr. 8
79341 Kenzingen
Telefon: 07644/4105

Verband: -
Bemerkungen: Umweltschonender Weinbau

Warenangebot: Wein, Sekt, Branntwein, Weine aus alten Reben

Verkaufszeiten ab Hof: Mo-Fr 17-18.30, Sa 8.30-14 Uhr

Anbindung an öffentliche Verkehrsmittel oder Wegbeschreibung für Anfahrt mit Pkw: Bahn (700): Bahnhof Kenzingen; von dort 200 m

---

Gärtnerei Distel
Herrenstr. 12
79346 Kiechlinsbergen
Telefon: 07642/8966 oder 6642

Verband: Bioland
Bemerkungen: -

Warenangebot: Obst, Gemüse, Kartoffeln

Verkaufszeiten ab Hof: -
Freiburger Münstermarkt: Di und Fr 17-18, Mi und Sa
Markt in Freiburg-Landwasser: Mi

Anbindung an öffentliche Verkehrsmittel oder Wegbeschreibung für Anfahrt mit Pkw: Bus (107): Kiechlinsbergen
Pkw: aus Richtung Riegel in Kiechlinsbergen erste Straße links

---

Hans Peter Eckert
Kreuzäckerhof
79346 Endingen-Königsschaffhausen
Telefon: 07642/1858

Verband: -
Bemerkungen: Integrierter Anbau

Warenangebot: Obst, Saft, Neuer Süßer, Schnaps

Verkaufszeiten ab Hof: nach 18 Uhr oder n.tel.V.

Anbindung an öffentliche Verkehrsmittel oder Wegbeschreibung für Anfahrt mit Pkw: Bus (107): Königschaffhausen
Bahn (103/723): Königschaffhausen
Pkw: von Endingen am Ortseingang gleich links

Heinz Kehnel
Weinbau Kehnel
Riedstr. 5
79336 Herbolzheim-Broggingen
Telefon: 07643/6300

Verband: BÖW
Bemerkungen: -

Warenangebot: Wein, Schnaps, Obst

Verkaufszeiten ab Hof: n.tel.V.

Anbindung an öffentliche Verkehrsmittel oder Wegbeschreibung für Anfahrt mit Pkw: Bus (9281): Broggingen

---

Ottmar und Wilhelm Enz
Weingut Enz
Hofestr. 2
79336 Herbolzheim
Telefon: 07643/6341

Verband: Naturland
Bemerkungen: -

Warenangebot: Wein, Schnäpse

Verkaufszeiten ab Hof: n.tel.V.

Anbindung an öffentliche Verkehrsmittel oder Wegbeschreibung für Anfahrt mit Pkw: Bus (7200): Herbolzheim
Bahn (700): Herbolzheim

Markus Gimbel
Bismarckstr. 30
79331 Teningen-Köndringen
Telefon: 07641/42819

Verband: Demeter
Bemerkungen: -

Warenangebot: Feld- und Feingemüse, Beet- und Balkonpflanzen

Verkaufszeiten ab Hof: Fr 17-18 (ganzjährig), Di 17-18.30 (März-Oktober) und n.tel.V.,
Markt Waldkirch: Sa (März-Oktober auch Mi)

Anbindung an öffentliche Verkehrsmittel oder Wegbeschreibung für Anfahrt mit Pkw: Bus (7200): Köndringen Schule
Bahn(700) Köndringen

Hans-Peter Trautwein
Ökologisches Weingut Trautwein
Riegelerstr. 2
79353 Bahlingen
Telefon: 07663/2650

Verband: Bioland, BÖW
Bemerkungen: -

Warenangebot: Wein, Traubensaft

Verkaufszeiten ab Hof: Sa 9-16 und n.tel.V.

Anbindung an öffentliche Verkehrsmittel oder Wegbeschreibung für Anfahrt mit Pkw: Bus (105): Bahlingen
Bahn (101/724): Bahlingen

Werner Danzeisen
Aussiedlerhof
Bahlingerstr. 18
79356 Eichstetten
Telefon: 07663/1795 oder 5325

Verband: Demeter
Bemerkungen: -
Warenangebot: Getreide, Obst, Gemüse, Kartoffeln

Verkaufszeiten ab Hof: n.tel.V.

Anbindung an öffentliche Verkehrsmittel oder Wegbeschreibung für Anfahrt mit Pkw: Aussiedlerhof zwischen Eichstetten (Bus 105, 299 ab FR-Moosweiher, Bahn 101/724) und Bahlingen (Bus 105, Bahn 101/724)

Rudi Dreher
Hauptstr. 83
79356 Eichstetten
Telefon: 07663/3211

Verband: Bioland
Bemerkungen: -

Warenangebot: Getreide, Gemüse, Kartoffeln, Obst, Wein

Verkaufszeiten ab Hof: Mi 19-21,
Teningen Markt: Do 8-12

Anbindung an öffentliche Verkehrsmittel oder Wegbeschreibung für Anfahrt mit Pkw: Bus (105, 299 ab FR-Moosweiher): Marienstraße

---

Friedhelm Rinklin
Hauptstr. 94
79356 Eichstetten
Telefon: 07663/4664

Verband: Bioland
Bemerkungen: -

Warenangebot: Wein, Gemüse, Schnaps, Fleisch

Verkaufszeiten ab Hof: n.tel.V.
Kirchzarten Markt Brodbeckstr. 2: Fr (14.30-17)

Anbindung an öffentliche Verkehrsmittel oder Wegbeschreibung für Anfahrt mit Pkw: Bus(105, 299 ab FR-Moosweiher): Eichstetten-Marienstraße

---

Christian Hiß
Hauptstr. 140
79356 Eichstetten
Telefon: 07663/4573

Verband: Demeter
Bemerkungen:

Warenangebot: Gemüse, Getreide, Obst

Verkaufszeiten ab Hof: -
Demeter Assoziation Freiburg: Mi 17-18 Waldorfschule St. Georgen,
Sa 9-11 Holbeinstr.

Anbindung an öffentliche Verkehrsmittel oder Wegbeschreibung für Anfahrt mit Pkw: Bus (105, 299 ab FR-Moosweiher)

Richard Schmidt
Altweg 67
79356 Eichstetten
Telefon: 07663/3123

Verband:
Bemerkungen: Naturnaher Weinbau

Warenangebot: Wein, Gemüse, Obst

Verkaufszeiten ab Hof: n.tel.V.

Anbindung an öffentliche Verkehrsmittel oder Wegbeschreibung für Anfahrt mit Pkw: Bus (105, 299 ab FR-Moosweiher): Eichstetten

---

Edwin Schneider
Auf der Eck 1
79348 Freiamt
Telefon: 07645/1515

Verband: -
Bemerkungen: Streuobst und Futtererzeugung ohne Handelsdünger und chemischen Pflanzenschutz, keine zugekauften Futtermittel

Warenangebot: Rindfleisch, Kern- und Steinobst, Most

Verkaufszeiten ab Hof: n.tel.V. (nach 20 anrufen)

Anbindung an öffentliche Verkehrsmittel oder Wegbeschreibung für Anfahrt mit Pkw: mit öffentlichen Verkehrsmitteln nicht zu erreichen

---

Helmut und Andrea Mayer
Spargelhof
Stephanstal 3
79359 Riegel
Telefon: 07642/6468

Verband: -
Bemerkungen: -

Warenangebot: Spargel

Verkaufszeiten ab Hof: Ende April bis Mitte Juni täglich 16-19

Anbindung an öffentliche Verkehrsmittel oder Wegbeschreibung für Anfahrt mit Pkw: Pkw: auf der L113 alt, Riegel => Endingen, ausgeschildert

---

Horst Koch
Paula-Hollenweger-Str. 11
79379 Müllheim
Telefon: 07631/15756

Verband: Demeter
Bemerkungen: -

Warenangebot: Gemüse, Obst, Jungpflanzzen

Verkaufszeiten ab Hof: n.tel.V.
Freiburg Münsterplatz: Di und Fr
Müllheim Marktplatz: Fr

Anbindung an öffentliche Verkehrsmittel oder Wegbeschreibung für Anfahrt mit Pkw: keine Angaben

---

Elisabeth und Horst Weßbecher-Ritter
Weilertalstr. 35
79379 Müllheim-Niederweiler
Telefon: 07631/2169

Verband: Demeter
Bemerkungen: -

Warenangebot: Obst, Gemüse, Kartoffeln

Verkaufszeiten ab Hof: Di und Do 15-17 (November-März) bzw. 17-19 (April-Oktober), Sa 9-12 (ganzjährig)

Anbindung an öffentliche Verkehrsmittel oder Wegbeschreibung für Anfahrt mit Pkw: Bus (112): Niederweiler

---

Wolfgang Zähringer
Weingut Wilhelm Zähringer
Hauptstr. 42
79423 Heitersheim
Telefon: 07634/2846

Verband: BÖW
Bemerkungen: -

Warenangebot: Wein

Verkaufszeiten ab Hof: Mo-Fr 8-12 und 13-17, Sa 10-12

Anbindung an öffentliche Verkehrsmittel oder Wegbeschreibung für Anfahrt mit Pkw: Bus (7240): Heitersheim
Schräg gegenüber der kath. Kirche

Familien Ruesch und Ludwig
Gebirgsstr. 18
79426 Buggingen
Telefon: 07631/4533

Verband: BÖW
Bemerkungen: -

Warenangebot: Wein, Branntweine, Honig, Äpfel, Kirschen, Eier, Trauben, Topinambur

Verkaufszeiten ab Hof: Mo-Fr ganztägig

Anbindung an öffentliche Verkehrsmittel oder Wegbeschreibung für Anfahrt mit Pkw: Bus (9261, 7240): Buggingen
Pkw: In Buggingen (B3) Richtung Britzingen, letzter Hof rechts

---

Martin Hämmerlin
Gärtnerei Amaranth
Biergasse 1
79426 Buggingen
Telefon: 07631/8646

Verband: Demeter
Bemerkungen: -

Warenangebot: Obst, Gemüse, Kartoffeln

Verkaufszeiten ab Hof: Di und Fr 16-18.30,
Markt Staufen: Mo
Verbraucherassoziation Müllheim: Mi und Sa

Anbindung an öffentliche Verkehrsmittel oder Wegbeschreibung für Anfahrt mit Pkw: Bus (7240, 9261): Buggingen

---

Register der angebotenen Produkte

Die folgenden Produkte werden von den Betrieben in unserer Region angeboten:

Landwirtschaft im Umbruch

Umweltprobleme durch die Landwirtschaft

Die Intensivierung der Landwirtschaft hat zu einer zunehmenden Belastung von Wasser, Boden und Luft geführt. Hauptsächlich Stickstoffverbindungen und bestimmte synthetische Pflanzenschutzmittel haben zu besorgniserregenden Umweltproblemen geführt. So meldet die FEW in ihrem Bericht zur Situation der Trinkwasserversorgung: »Verseuchung des Freiburger Wassers nimmt zu«.

»Wasser ist durch Düngung weiter gefährdet« heißt es in der Badischen Zeitung - wer kennt diese Schlagzeilen nicht? Sie häuften sich in den 80er Jahren. Jahrzehntelange ökologische Sorglosigkeit im Umgang mit Dünge- und Pflanzenschutzmitteln (Pestiziden) in Teilen der Landwirtschaft kommt durch die Analysen der Freiburger Wasserwerke (FEW) ans Tageslicht. Viele Brunnen in Baden-Württemberg überschreiten mittlerweile die EG-Grenzwerte, und auch im Freiburger Grundwasser bleibt der Schadstoffgehalt besorgniserregend.

Trinkwasserverseuchung durch intensives Düngen

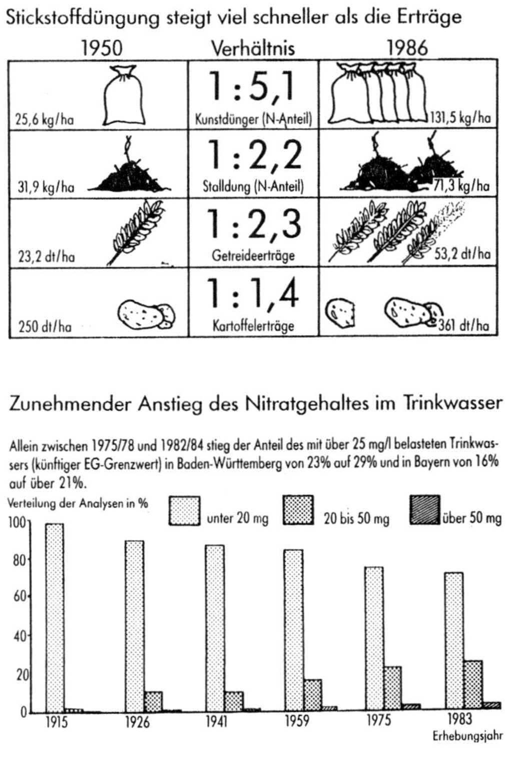

Quelle: Statistische Jahrbücher und Umweltbundesamt

Stickstoff an der falschen Stelle

Stickstoffhaltige Dünger (leichtlösliche Mineraldünger und Gülle) werden auf intensiv landwirtschaftlich genutzten Flächen ausgebracht, mehr als die Pflanzen aufnehmen können. In der Bundesrepublik wird im Durchschnitt nur ein Viertel des ausgebrachten Düngers tatsächlich von den Pflanzen aufgenommen. So belasten die überschüssigen Mengen (ca. 170 kg Stickstoff pro Hektar = ca. 70%) den Boden oder werden als Nitrat ins Grundwasser ausgewaschen. 30% verdunsten vor allem als Ammoniak in die Atmosphäre. Aber auch Pflanzen können zuviel Nitrat enthalten, vorrangig Gemüse und Salat aus Intensivkulturen [1].

Im menschlichen Organismus ...

Gefährlich wird Nitrat, wenn es sich im Körper in Nitrit (NO_2) umwandelt. Besonders Säuglinge sind durch Nitrit von der tödlichen Blausucht bedroht. Deshalb verbrauchen einige der von hoher Nitratbelastung im Trinkwasser betroffenen südbadischen Gemeinden Eltern von Säuglingen bis zum sechsten Lebensmonat einen Liter nitratarmes Mineralwasser pro Tag, so z.B. in Kaiserstuhlgemeinden Wyhl und Weisweil, deren Wasser zeitweise Nitratwerte über dem Grenzwert von 50 mg/l aufweist. Dieses kann in die krebserregenden Nitrosamine umgebaut werden.

In die Luft ...

Die Stickstoffüberschüsse gehen zu etwa einem Drittel auch in die Luft über. Als Ammoniak (NH_3^-), einem chemisch aggressivem Gas mit stechendem Geruch, das zum größten Teil aus der Tierhaltung entweicht, driften sie teilweise über weite Entfernungen ab. Über 500.000 Tonnen jährlich emittiert die Landwirtschaft - allein als Ammoniak schon etwa so viel Stickstoff wie der gesamte Verkehr mit Stickoxiden. Diese Mengen bleiben nicht ohne Folgen [1,2].

Nitrat im Gemüse und im Salat

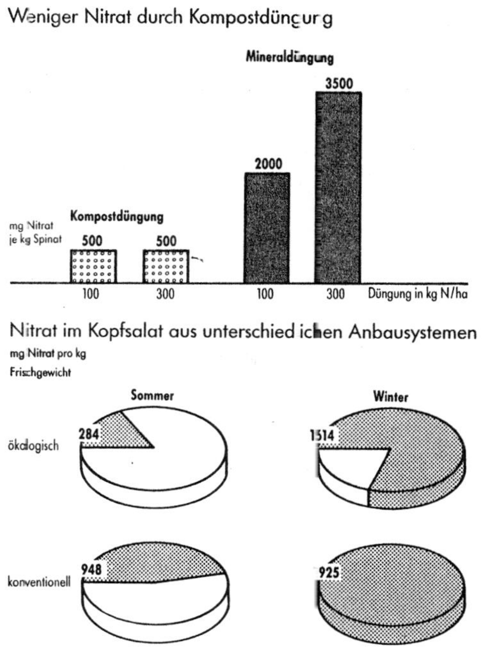

Ökologisch angebauter Salat weist einen geringeren Nitratgehalt auf. Treibhaussalat ist immer hoch belastet und sollte gemieden werden.

Quellen: Grosch, Schuster und Vogtmann

... aus der Luft in die Meere

1988 gingen die Bilder von sterbenden Seehunden durch die Medien. Schon damals machten Umweltschützer darauf aufmerksam, daß außer Industrie und Haushalten auch die Intensivlandwirtschaft ihren Teil zur Verschmutzung der Meere beiträgt, die das Immunsystem der Seehunde schwächt. Das Bundesumweltministerium stellte fest, daß die Überdüngung von Nord- und Ostsee auch auf die großen Stickstoff- und Phosphatbelastungen zurückzuführen ist, die vor allem aus der Landwirtschaft kommen und über die Flüsse der See zugeleitet werden.

Inzwischen weiß die Forschung Genaueres. Dr. Ulrich Horstmann vom Institut für Meereskunde in Kiel berichtet: »Wir wissen heute, daß die Belastung der Nord- und Ostsee zu 60 bis 70 Prozent aus der Landwirtschaft stammt. Und dabei muß man davon ausgehen, daß etwa die Hälfte der Belastung über die Luft in die Nord- und Ostsee niederregnet«. Dort »düngt« der Stickstoff regelrecht die Meere und trägt zum übermäßigen Algenwachstum entscheidend bei. Sterben die Algen ab, werden sie von Bakterien abgebaut, die dabei den im Wasser gelösten Sauerstoff verbrauchen. Eine der Folgen ist, daß der zunehmend auftretende Sauerstoffmangel immer wieder zu großen Fischsterben in der Ostsee führte. Eine zweite: der Zerfall großer Mengen sterbender Algen führt nach Aufbrauchen des Sauerstoffs zur Bildung giftigen Schwefelwasserstoffs. Das Leben auf dem Meeresboden stirbt ab, auf hunderttausenden von Quadratkilometern findet sich nichts als Schlick und Schwefelbakterien [1].

... aus der Luft in die Wälder

Daß der Luftschadstoff Ammoniak in hohen Konzentrationen die Bäume in unmittelbarer Umgebung der Ställe angreift, ist seit langem bekannt. Inzwischen weiß man auch, daß die Stickstoffbelastung aus der Massentierhaltung ganze Wälder schädigen kann, da Ammoniak den Nährstoffhaushalt der Bäume stört. So sind die Emissionen der intensiven Landwirtschaft für die Versauerung des Bodens, für das Vergilben der Bäume und für das Waldsterben mitverantwortlich.

Dies zeigt sich sogar in Süddeutschland, wo die Viehhaltung nicht die enormen Ausmaße Norddeutschlands angenommen hat. Der Stickstoff, den Freiburger Forstwissenschaftler bei Regenwasseranalysen fanden, ging zur Hälfte auf das Konto von Ammoniakemissionen, die hauptsächlich aus der Landwirtschaft stammen [1,2,3].

Belastungspfade unserer Lebensmittel

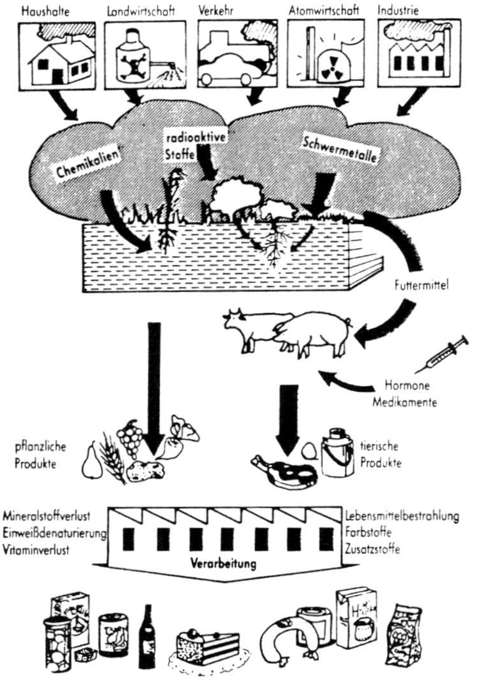

Thomas/Vögel. Gute Argumente: Ökologische Landwirtschaft. © Verlag C.H. Beck, München 1989

Darüber kann die Atmosphäre nicht lachen

Die Stickstoffverbindung Lachgas (N_2O, Distickstoffoxid) wird außer aus natürlichen auch aus künstlichen Quellen in die Atmosphäre abgegeben. In der Stratosphäre ist es für den Abbau der schützenden Ozonschicht mitverantwortlich. In den letzten Jahren wurden deutlich erhöhte Lachgas-Konzentrationen in der Atmosphäre gemessen. Kein Wunder: aus von Menschen verursachten Quellen entweichen jährlich ca. 1,4 bis 6,5 Millionen Tonnen Lachgas. Davon kommt über die Hälfte (57%) aus der Landwirtschaft: Von jeder Tonne auf die Felder gebrachten Stickstoffdüngers entweichen 2-7% als Lachgas in Richtung Ozonschicht. Auch die Intensivlandwirtschaft mit ihrer Güllewirtschaft und den stickstoffhaltigen Mineraldüngern trägt somit zum Ozonloch, aber auch zum Treibhauseffekt bei [2].

Gefährliche Pestizide

Pestizide, sogenannte Pflanzenschutzmittel, sind dazu bestimmt, unerwünschte Organismen wie Tiere, Pflanzen oder Mikroorganismen zu töten, zu schädigen oder zu beeinflussen. Durch solche Mittel sollen landwirtschaftliche Produkte geschützt oder marktgerecht »verschönert« werden. Mit der massiven Anwendung von chemisch-synthetischen Pestiziden kommen aber gleichzeitig ihre Schattenseiten ans Licht. Auf diese synthetisch erzeugten Stoffe ist die Natur nicht eingerichtet. Auch kleine Mengen können der Umwelt und den Menschen schaden.

Über 35.000 Tonnen Pestizide werden jährlich auf bundesdeutsche Äcker ausgebracht. Untersuchungen der Biologischen Bundesanstalt ergaben, daß bis zu 90% der auf Felder ausgebrachten Pestizide in kurzer Zeit in die Luft verdunsten. Mit dem Wind erreichen sie auch entferntere Gebiete und finden sich laut Umweltbundesamt in Nebel und im Regenwasser wieder. Auch Trinkwassereinzugsgebiete oder die Nord- und Ostsee könnten davon betroffen sein, berichtete Dieter Jost, 1990 beim Umweltbundesamt zuständig für die Überwachung der Luftreinhaltung.

Pestizide in Nahrungsmitteln

Seit 1988 untersucht das Berliner Bundesgesundheitsamt Nahrungsmittel in einem bundesweiten »Lebensmittel-Monitoring« auch auf Pestizide. Was Professor Peter Weigert und seine Mitarbeiter herausfanden, ist mehr als bedenklich: Obst und Gemüse von deutschen Märkten enthalten oft zu viele Pestizidrückstände. Aufgefallen sind besonders Erdbeeren, Kopfsalat und Äpfel. Von rund 1000 Erdbeerproben waren nur 20 % völlig rückstandsfrei. Bei 10 % wurde ein Überschreiten der gesetzlichen Richtwerte festgestellt [3].

Gesundheitsgefährdungen bei Menschen

Durch Fernsehberichte über Vergiftungsfälle in Tübingen wurde die Gefährlichkeit von Pestiziden bundesweit bekannt. Seit 1987 berichten Ärzte von zahlreichen Krankheitssymptomen, die sie u.a. auf die Lage der Wohnungen an mit Pestiziden behandelten Äckern zurückführen. Gefährlich ist die Anwendung von Pestiziden besonders für Landwirte selbst: Kopfschmerzen, Erbrechen, Durchfall u.a. werden als Symptome genannt. Studien weisen auf die besondere Gefährdung von Risikogruppen wie kranken und alten Menschen sowie vor allem Kindern hin.

Durch den Verzehr von belasteten Lebensmitteln reichern sich bestimmte Pestizide (wie auch andere Schadstoffe) in der Muttermilch an. Auch Schädigungen des Immunsystems sind nicht auszuschließen - da liegt die Frage nahe, wieviele Krankheiten durch derartige Schwächungen des Organismus mitverursacht sind [4].

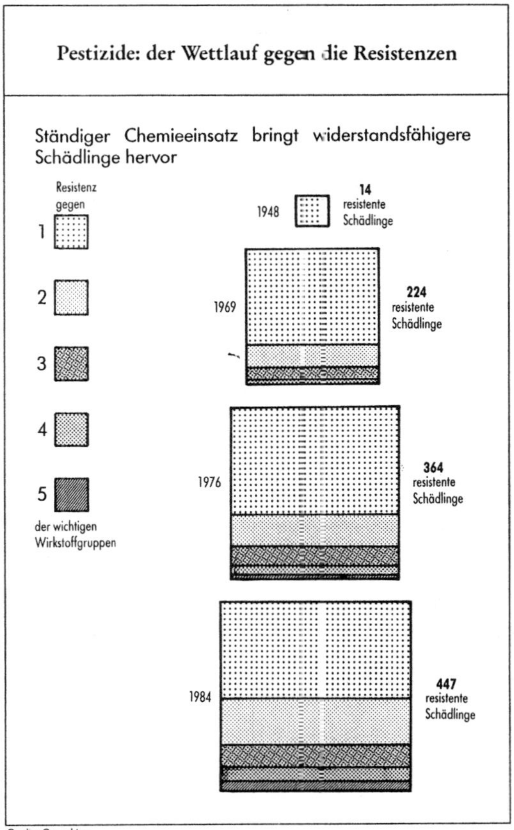

Quelle: Georghiou

Effiziente Chemie? - Wirkung mittelfristig zweifelhaft

Pestizide können das Gegenteil ihres Zweckes bewirken. Ihr Einsatz stört das Gefüge von Ökosystemen und kann langfristig zu Ertragsschwankungen in der Landwirtschaft führen.

Pestizide töten in der Regel nicht nur die angezielten Arten, sondern häufig auch deren natürliche Gegenspieler. Nützlinge unter den Vögeln, Fischen und Insekten können danach die »Schädlinge« nicht mehr unter Kontrolle halten - der verstärkte Einsatz von Chemikalien scheint dann unausweichlich.

Außerdem können sich Schädlinge im Lauf der Zeit an die Gifte »gewöhnen«, also resistent werden. Besonders bei Pilzen und Insekten, die sich in schneller Generationenfolge fortpflanzen, kommt es zum dramatischen Anstieg von Resistenzen und damit zu größerer Gefährdung landwirtschaftlicher Kulturen als vor dem Pestizideinsatz. Diese Gefährdung wiederum wurde mit weiteren Pestizidgaben versucht einzudämmen.

Energieverschwendung auch in der Landwirtschaft

Wie unsere gesamte Wirtschaft hängt auch die Landwirtschaft am Tropf der Ölimporte. Die enorme Intensivierung der letzten Jahrzehnte wäre ohne billiges Erdöl nicht möglich gewesen. In ihrem Verlauf wurden geschlossene Betriebskreisläufe aufgebrochen, menschliche und tierische Arbeit durch Kapital und Energie ersetzt.

Die hohe Mechanisierung der Intensivlandwirtschaft ist in Bau und Betrieb sehr energieaufwendig. Bei Intensivstallhaltung benötigt beispielsweise eine Milchkuh 600 kWh Strom pro Jahr für Leistungen wie Lüftung, Licht, Fütterung und Milchkühlung, wohingegen bei der - extensiveren - Weidehaltung kaum Energie benötigt wird.

Stickstoffhaltiger Mineraldünger wird äußerst energieintensiv im Haber-Bosch-Verfahren aus Luftstickstoff hergestellt; allein auf diesen Bereich entfallen 40% der für den Ackerbau aufgewendeten Energie. Für ein Kilo Stickstoff-Mineraldünger wird die Energie von zwei Litern Öl gebraucht. Pestizide werden energieaufwendig aus Erdöl synthetisiert. Energieaufwendig sind auch Herstellung und Transport der Zuchtsaaten sowie der Futtermittel und Tierarzneimittel für die Massentierhaltung.

Die Landwirtschaft, der einzige Wirtschaftszweig, der auf der direkten Nutzung der Sonnenenergie basiert, hat in westlichen Intensivsystemen inzwischen einen höheren Einsatz an Energie, als in ihrem Produkten steckt. Ein Beispiel: eine Dose Mais verbrauchte, wenn wir den Energiebedarf von Anbau, Verarbeitung und Transport zusammenrechnen, etwa 10mal soviel Energie, wie im Endprodukt in Form von Kalorien enthalten ist.

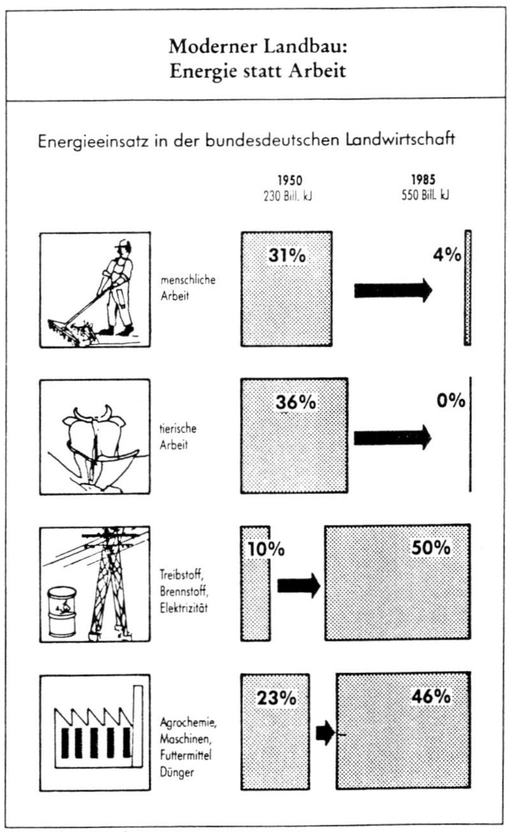

Quelle: Europ. Gemeinschaft

Teures Wirtschaften

Wie für andere Wirtschaftsbereiche, gilt auch für die intensive Landwirtschaft: sie wälzt einen Großteil ihrer Kosten auf die Allgemeinheit ab. Letztendlich muß der Bürger dabei eine große Last tragen.

Wissenschaftler des Umwelt- und Prognose-Instituts Heidelberg beziffern die ökologischen und sozialen Kosten der Umweltbelastung in der Bundesrepublik auf jährlich mindestens 475,5 Milliarden DM. Das entspricht etwa einem Fünftel des Bruttosozialproduktes. Neben vielen anderen Verursachern trägt auch die intensive Landwirtschaft dazu bei.

Die Experten berechneten eine Belastung der Volkswirtschaft durch die Nitratverseuchung des Wassers in Höhe von 35 Milliarden DM pro Jahr. Diese sogenannten »externen Kosten« lassen sich auf das verursachende Produkt umrechnen. Ein Kilogramm mineralischer Stickstoffdünger, der im Handel ca. DM 2.- kostet, verursacht demnach externe ökologische Kosten in Höhe von DM 23.- .

Die Heidelberger Wissenschaftler errechnen darüber hinaus einen Wertverlust von 26,6 Milliarden DM pro Jahr durch Pestizid-Rückstände in Nahrungsmitteln. Dabei sind in dieser Summe noch nicht die Schäden an der menschlichen Gesundheit, am Grundwasser sowie an Tieren und Pflanzen enthalten. Auf das Kilo Pestizide umgerechnet, stehen einem durchschnittlichen Handelspreis von DM 28.- die Verursachung externer Kosten von DM 830.- pro kg eingesetztem Pestizid gegenüber.

Für Freiburg bedeutet dies konkret, daß die Freiburger Energie- und Wasserversorgung in den letzten Jahren schon Millionensummen für die Verringerung der Wasserverschmutzung ausgegeben hat. »Etwa eine Million DM jährlich gibt die FEW vorbeugend für eine Reduzierung der Schadstoffeinträge durch die Landwirtschaft aus«, so der stellvertretende Wasserwerksleiter Joachim-Martin Rogg. Dies trug schon 1988 zu einer Erhöhung des Wasserpreises bei. Auch für die Anhebung der Wasserpreise zum 1.1.1991 war dies der Grund. Noch im Herbst 1991 stellte die FEW weiter steigende Nitratgehalte der Böden des Wasserwerks Hausen fest. Wenn in Zukunft die Belastung weiter steigt, wird eine Wasseraufbereitungsanlage notwendig werden, die Freiburg bisher auf Grund der noch relativ guten Wasserqualität erspart blieb. Für diese Anlage veranschlagt die FEW Investitionskosten von 40 Millionen DM.

Wieso diese Entwicklung?

Wie konnte es dazu kommen, daß der Wirtschaftszweig, der der Natur am nächsten steht, sich so weit von ihr entfernte?

In der Landwirtschaft geschah das gleiche wie in anderen Wirtschafts- und Lebensbereichen, nur mit einiger Verzögerung. Es fand eine immer stärkere Orientierung an Wissenschaft und Technik, am Vorrang der kurzfristigen wirtschaftlichen Rentabilität vor langfristigen natürlichen Kreisläufen und Gesetzmäßigkeiten statt. Auf diesem Boden wuchs die Industriegesellschaft. Nach dem Zweiten Weltkrieg hielten diese Leitbilder dann auch in der Landwirtschaft Einzug, die sich am längsten dagegen gewehrt hatte, den technischen »Fortschritt« als Ganzes zu übernehmen.

Die Landwirte sind für diese Entwicklung nicht mehr und nicht weniger verantwortlich als die anderen Bürger der Industriegesellschaft auch. Ihnen wurde jahrzehntelang durch Chemieindustrie und Wissenschaft, durch staatliche Agrarpolitik und landwirtschaftliche Beratung eingeredet, nur in Rationalisierung und Intensivierung läge ihr Heil. Lange mußten sie sich als »dumme Bauern«, als rückständig und

	Gesamt Mrd DM/a	pro Kopf DM/Jahr	pro Haushalt DM/Jahr
Luftverschmutzung	63,0	1 020	2 330
Lärm	101,7	1 640	3 770
Wasser	58,5	940	2 170
Nahrungsmittel	38,6	620	1 430
Müll	2,5	40	90
Flächenbeanspruchung	60,2	970	2 230
Verkehrsunfälle	103,5	1 670	3 830
Beeinträchtigung Freizeit/Erholung	16,1	260	600
Altlastenstandorte	4,0	60	150
Asbest	16,4	260	610
Holzschutzmittel	11,4	180	420
Summe	475,5	7 670	17 600

Quantifizierte ökologische und soziale Kosten der Umweltbelastung in der Bundesrepublik Deutschland im Jahr 1989, pro Bewohner und pro Privathaushalt, Mittelwerte; UPI 1991

	Externe Kosten	Kaufpreis	Einheit
Pestizide	830	28	DM/kg Pestizid
N-Kunstdünger	23	2	DM/kg N-Dünger
Asbest in			
Spritzasbest	235 000	1 000	DM/t Asbest
Asbestzementplatten	48 000	1 000	DM/t Asbest
Asbestzementrohre	167 000	1 000	DM/t Asbest
PCP	9 080	30	DM/kg PCP
Holzschutzmittel	450	5	DM/kg Holzschutzmittel
Kfz-Verkehr	4,50	1,20	DM/l Treibstoff
davon PKW	60 000	25 000	DM/PKW
davon LKW	420 000	150 000	DM/LKW [212)]
Luftverschmutzung		Vermeidungskosten	
NO_2	10 400	3 500	DM/t NO_2
SO_2	5 800	5 300	DM/t SO_2
C_xH_y	8 300	4 000	DM/t C_xH_y
Staub	6 000	1 000	DM/t Staub

Umrechnung externer Kosten auf verursachende Produkte, UPI 1991

fortschrittsfeindlich beschimpfen lassen. Unter diesem politischen, ideologischen und finanziellen Druck übernahm der Großteil der Landwirte schließlich das industrialistische Leitbild. Nach all dem ist es auch verständlich, wenn sie sich heute dagegen wehren, »von den Städtern« gesagt zu bekommen, was sie zu tun hätten.

Ständiges Rationalisieren zog nun auch in die Landwirtschaft ein, »Wachsen oder Weichen« wurde das Motto. Die ökologischen und sozialen Folgen sind bekannt: Kaum hatten die Landwirte sich den Forderungen der Gesellschaft angepaßt, wurde deutlich, daß die hohen Investitionen in die falsche Richtung gingen. Das Schuldenmachen hat sich nicht gelohnt. Die Preise sanken auf Grund der Überproduktion, und ein Großteil der Landwirte wurde zum Aufgeben gezwungen.

Reaktionen der Landwirte auf die Umweltprobleme

Im wesentlichen reagieren die Landwirte und ihre Verbände nicht anders auf diese Probleme als Industrie und private Haushalte. Zunächst wurden die Probleme verdrängt, Kritiker nicht ernstgenommen. Mit dem Anwachsen der Umweltbewegung und der Sensibilisierung der Bevölkerung lernten auch die Produzenten dazu. Eine kleine, aber stark zunehmende Zahl kehrt sich vollständig vom Weg der konventionellen Landwirtschaft ab: die »Bio-Bauern«. Eine andere, größere Gruppe von Bauern bewegt sich langsamer in die gleiche Richtung, baut den Einsatz chemisch-synthetischer Mittel allmählich ab: die Richtung des sogenannten »integrierten« oder »umweltschonenden« Landbaus. Wie überall in der Gesellschaft gibt es leider auch hier schließlich die Gruppe derjenigen, die nur auf staatliche Anordnungen reagieren.

Preisdruck lastet weiter auf der Landwirtschaft

Der Preis ihrer Mühen wird den Bauern heute vielfach vorenthalten. Es wird heute an, nicht in der Landwirtschaft verdient. Eingeklemmt in der Schere zwischen teuren Betriebsmitteln (Mineraldünger, Pestizide, Maschinen) und zu geringen Erzeugerpreisen versuchen Landwirte, über die Produktion größerer Mengen doch noch ein befriedigendes Einkommen zu erreichen. Dies schafft noch größere Ernten. Auf dem Markt bedeutet dieses überhöhte Angebot dann weiter fallende Preise. Viele Landwirte müssen aufgeben; die Verbleibenden werden zu verstärkter Rationalisierung und Intensivierung ihrer Produktion gedrängt, die zu Lasten der Qualität von Lebensmitteln und Umwelt geht. Ein Teufelskreis? Wer sauberes Wasser, hochwertige Lebensmittel und eine gesunde Umwelt will, muß den Preisdruck von der Landwirtschaft nehmen, der sie zum ständigen Rationalisieren zwingt. (G 10)

Wege zu einer umweltverträglichen Landwirtschaft

Um aus der Zwickmühle der heutigen Landwirtschaft herauszukommen, ist ein Umdenken bei allen Beteiligten erforderlich:

* Den Verbrauchern muß ihre Ernährung wieder mehr wert werden - Qualität und gesunde Umwelt gibt es nicht zu Schleuderpreisen. Durch Hormon- und Umweltskandale aufgeschreckte Verbraucher fordern mehr Lebensmittelqualität. Dabei vergessen sie oft, daß sie in den letzten Jahrzehnten immer geringere Anteile ihres Einkommens für Lebensmittel ausgegeben haben.

* Die Landwirte müssen, wie es derzeit immer mehr tun, auf die Wünsche der Verbraucher nach ökologischer Qualität der Produktion eingehen, wenn sie angemessene Preise erreichen wollen.

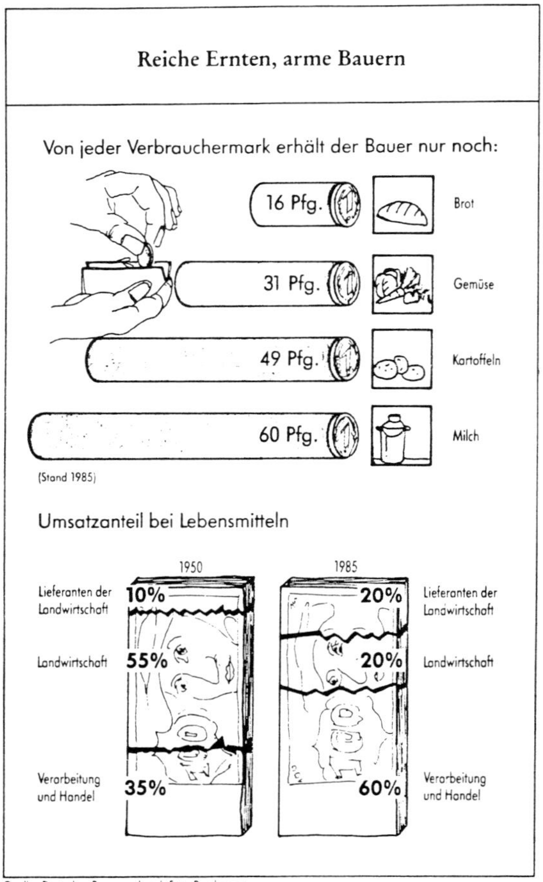

Quelle: Deutscher Bauernverband; Stat. Bundesamt

Alternativen

Ökologische Landwirtschaft

Daß die Landwirtschaft umweltverträglich arbeiten kann, zeigen die Pioniere der ökologischen Landwirtschaft schon seit Jahrzehnten. Dabei geht es nicht um die Rückkehr zur vorindustriellen, traditionellen Landwirtschaft mit ihren geringen Erträgen. Auch diese war, ökologisch gesehen, nicht optimal. Der moderne ökologische Landbau entstammt dagegen der Verbindung von altem Erfahrungswissen mit neuesten wissenschaftlichen Erkenntnissen.
– Respekt vor der Natur

Zur ökologischen Landwirtschaft gehört eine Grundeinstellung, in der die Natur nicht als beliebig zu manipulierendes Objekt gesehen wird. Ihr Eigenwert wird respektiert und ihre eigenen Gesetzmäßigkeiten beachtet.

Vernetztes Denken

Mit der Natur statt gegen sie zu arbeiten, bedeutet einzusehen, daß natürliche Ökosysteme die Fähigkeit besitzen, sich selbst zu regulieren und zu regenerieren. Diese Fähigkeit ist generell um so stärker, je größer die Vielfalt der darin vorhandenen Tier- und Pflanzenarten und ihrer Beziehungen zueinander ist. Je mehr Arten es enthält, desto stabiler ist auch ein Agrarökosystem, d.h. desto stabiler bleiben die Populationsgrößen der einzelnen Arten, da das Wachstum einer Art durch ihre natürlichen Gegenspieler begrenzt wird.

Natur als Vorbild

Das Ziel muß ein Erkennen der Prinzipien sein, nach denen die Natur komplexe Ökosysteme aufbaut, und ein Umsetzen in möglichst geschlossene Agrar-Ökosysteme.

– Nachhaltiges Wirtschaften
Der Öko-Landbau pflegt einen haushälterischen Umgang mit der Natur. Seine Kennzeichen sind ein Denken auch in langen Zeiträumen und das Beobachten der natürlichen Kreisläufe, deren Aufrechterhaltung das Hauptziel ist. Ein vernetztes statt lineares Denken erkennt: Probleme der Pflanzen- und Tiergesundheit sind Symptome aus dem Gleichgewicht geratener Ökosysteme. Deshalb wird angestrebt, sich dazu wo immer möglich vorbeugend (Systemstabilisierung), statt nachsorgend (Symptombekämpfung) zu verhalten. Damit wird eine nachhaltige Sicherung und Steigerung der Bodenfruchtbarkeit angestrebt.

Vorsorge vor Nachsorge !

Weitere Ziele sind die Vermeidung aller Umweltbelastungen; die Minimierung des Verbrauchs nicht erneuerbarer Ressourcen; die Erzeugung gesunder Pflanzen und Tierbestände, möglichst ohne Bedarf an Pflanzenschutz-, Futterzusatz- und Tierarzneimitteln; die Erzeugung ernährungsphysiologisch vollwertiger Lebensmittel in ausreichender Menge zu angemessenen Preisen; die Schaffung einer sicheren Existenz auf der Basis befriedigender Lebensbedingungen und angemessener Einkommen für die Landwirte und die Mitwirkung an der Lösung des Welthungerproblems.

Vielfältige Struktur und geschlossener Kreislauf

Produktionstechnisch bedeutet dies die Hofgestaltung nach dem Vorbild eines lebendigen Organismus. Ein Kultur-Ökosystem wird aufgebaut, dessen möglichst weitgehend geschlossener Kreislauf für die Erreichung der Ziele wichtig ist. Dazu gehört eine vielfältige Produktion, also eine vielfältige Betriebsstruktur mit verschiedenen Pflanzen- und Tierarten, die Auswahl und Förderung bewährter Kultursorten und Zuchtrassen, besonders auch im Hinblick auf Schädlingsresistenz und Tiergesundheit; die Anpassung der Tierhaltung und -zucht an Standort und Hofverhältnisse sowie an artgemäße Bedürfnisse unter Einschluß ethischer Gesichtspunkte.

Im Zentrum: Bodenfruchtbarkeit

Viel Aufmerksamkeit erfährt vorsorgend die Bodenfruchtbarkeit. Ein lebendiger Boden mit guter Bodenstruktur und vielfältigem Bodenleben ist die Grundlage für angemessene Pflanzenernährung und Pflanzengesundheit. Diesem Ziel dienen ausgeklügelte kulturtechnische Maßnahmen wie
- Anbau vielfältiger Fruchtfolgen und Mischkulturen
- Anbau von Zwischenfrüchten und Untersaaten
- die sog. Gründüngung (mit dem Anbau luftstickstoffbindender Leguminosen)
- organische Düngung (etwa mit sorgfältig kompostiertem Stallmist)
- der Anbau von tiefwurzelnden Pflanzen zur Bodenlockerung
- schonende und angepaßte Bodenbearbeitung (nur flach wenden, tief lockern)
- standortgerechte Sortenwahl

Beikräuter und Begleitfauna: kontrollieren statt vernichten

Mit diesen Mitteln wird ein Agrarökotop angestrebt, das in relativem Gleichgewicht steht. Hier haben auch Ackerbegleitflora (»Un«kräuter) und Begleitfauna (z.B. Insekten) sowie Pilze und andere von Pflanzen lebenden Mikroorganismen ihren Platz. In Maßen auftretend gehören sie zum Gleichgewicht.

Der Ökologische Landbau: ein Kreislauf

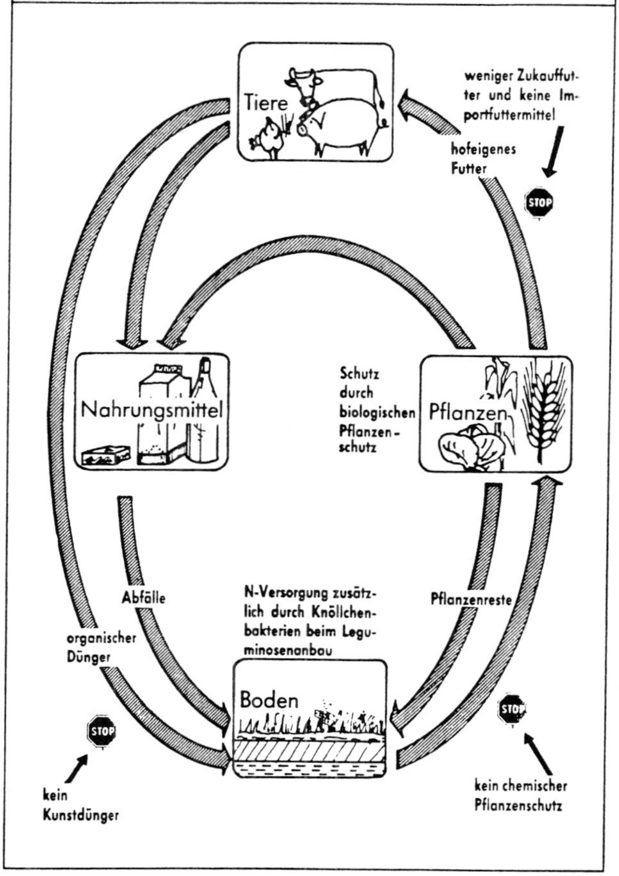

Thomas/Vögel. Gute Argumente: Ökologische Landwirtschaft. © Verlag C.H.Beck, München 1989

Als Bestandteil der natürlichen Artenvielfalt erfüllen sie sogar wichtige Funktionen. Nur ihre Übervermehrung muß vermieden werden, sie ist Symptom des Ungleichgewichts, dem durch die o.g. Maßnahmen vorgebeugt wird.

Wenn dies doch einmal eintritt, steht eine Reihe von Verfahren zur Verfügung:

- mechanisch-physikalische (Abflammen, Absammeln, Zäune, Netze, Fallenfang, Jäten, Hacken),

- biologische (biol. Pflanzenschutzmittel wie Pflanzenextrakte, Import bzw. Förderung von natürlichen Gegenspielern) und

- biologisch-technische (Licht- und Lockstoffallen, Verwirrverfahren mit Sexualduftstoffen, Einsatz steriler Populationen).

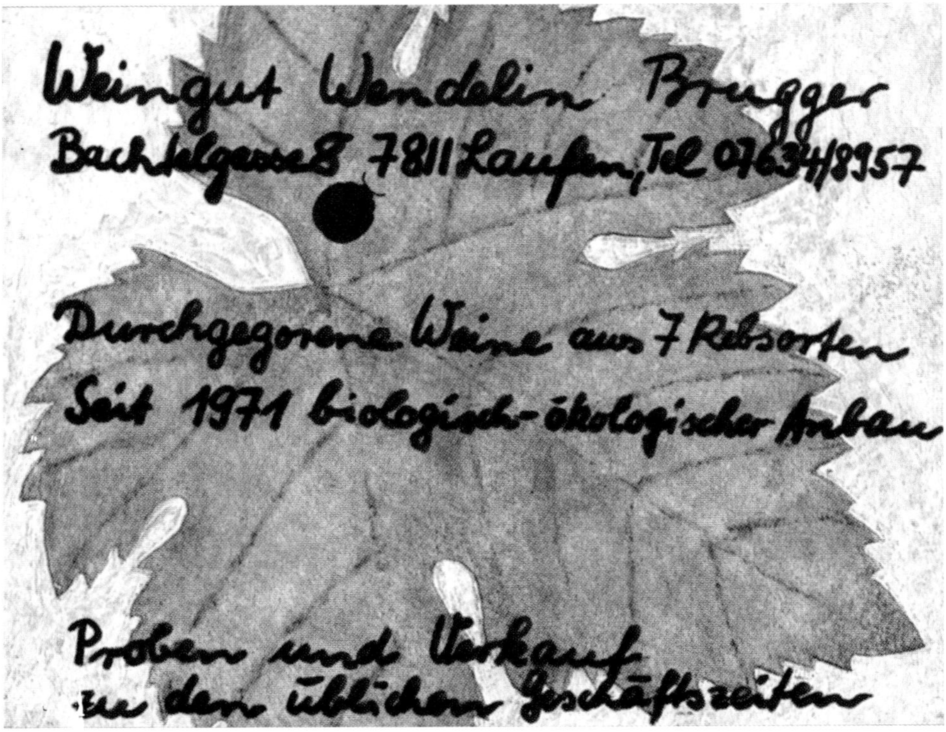

Ausschluß gefährlicher Stoffe

Außer diesen Positiv-Bestimmungen gibt es auch den Ausschluß von Betriebsmitteln und Methoden, die den Zielsetzungen widersprechen, da sie das ökologische Gleichgewicht stören. Die Richtlinien der ökologischen Landwirtschaft untersagen deshalb leichtlösliche Mineraldünger, chemisch-synthetische Pestizide und Hilfsmittel, Massentierhaltung (durch Flächenbindung des Tierbesatzes) sowie den präventiven Einsatz von Tierarzneimitteln. Reduziert wird der Einsatz von zugekauften Betriebsmitteln (z.B. Futtermittel), diese werden zunehmend strengeren Regeln unterworfen.

Entlastung der Umwelt

Durch diese Vorgehensweise sind die Umweltauswirkungen des ökologischen Landbaus außerordentlich positiv. In allen oben genannten Bereichen sind erhebliche Entlastungen der Umwelt festzustellen.

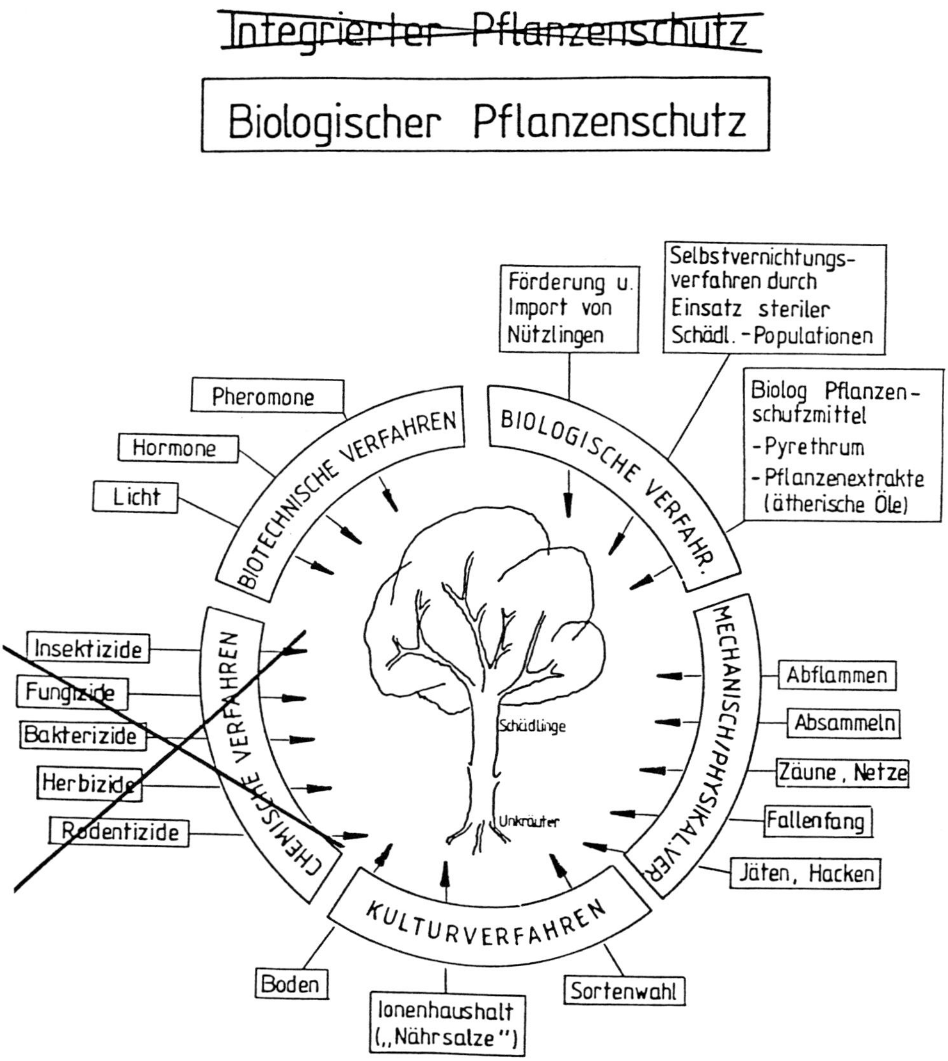

Graphik des Umweltschutzamtes Freiburg

DER ÖKOLOGISCHE WEINBAU

ÖKOLOGISCHES WEINGUT
TRAUTWEIN
RIEGELER STRASSE 2 79353 BAHLINGEN
TEL. 0 76 63/26 50 FAX 0 76 63/5 00 27
BIOLANDBETRIEB NR. A 70187

IM LEBENDIGEN WEINBERG GEDEIHEN UNSERE GEHALTVOLLEN BADISCHEN WEINE.

DAS ÖKOLOGISCHE WEINGUT TRAUTWEIN

AM OSTRAND DES KAISERSTUHLES LIEGT BAHLINGEN UND DAS WEINGUT TRAUTWEIN. DAS VULKANISCHE URSPRUNGSGESTEIN MIT SEINEN MÄCHTIGEN LÖSSCHICHTEN PRÄGT DIE LANDSCHAFT.

DIE WEINBERGE WURDEN SEIT VIELEN GENERATIONEN ERHALTEN. SEIT 1976 WERDEN SIE VON ELFRIEDE TRAUTWEIN UND DEM WEINBAUTECHNIKER HANS-PETER TRAUTWEIN BEWIRTSCHAFTET. DAS WEINGUT ERSTRECKT SICH ÜBER 5,5 HEKTAR WEINBERGFLÄCHE. IHM IST EINE HAUSBRENNEREI MIT EIGENEM OBSTANBAU ANGEGLIEDERT. ANGEBAUT WERDEN DIE SORTEN BLAUER BURGUNDER, WEISS- UND GRAUBURGUNDER, MÜLLER THURGAU, KERNER, CHARDONNAY SOWIE GEWÜRZTRAMINER.

MIT DER SCHRITTWEISEN UMSTELLUNG AUF DIE BIOLOGISCH-ORGANISCHE WIRTSCHAFTSWEISE WURDE 1980/81 BEGONNEN. SIE WURDE 1986/87 ABGESCHLOSSEN. DAMIT WURDE DER BETRIEB **BIOLAND VERTRAGSBETRIEB NR. 70187**.

IN DEM WEINGUT WERDEN NUR TRAUBEN AUS EIGENEM ANBAU ZU WEIN AUSGEBAUT. DABEI WERDEN KEINE CHEMISCH-SYNTHETISCHEN WEINBEHANDLUNGSMITTEL UND KEINE ENERGIE-INTENSIVEN MASSNAHMEN ANGEWENDET. DIE TRAUBEN WERDEN VON HAND GELESEN.

EINE SPEZIALITÄT DES WEINGUTES IST DER SPÄTBURGUNDER ROTWEIN. ER WIRD AUS DEN AUSGELESENEN, GESUNDEN TRAUBEN DES BLAUEN SPÄTBURGUNDERS GEWONNEN - OHNE ZUSATZ ANDERER, WESENTLICH FARBINTENSIVEREN ROTWEINSORTEN. DER SPÄTBURGUNDER ROTWEIN WIRD ZUR AUSREIFUNG IM HOLZFASS EINGELAGERT UND ERST IM SPÄTSOMMER ABGEFÜLLT. SEINE RUBINROT LEUCHTENDE FARBE UND SEIN AUSGEPRÄGT FRUCHTIG-SAMTIGES BUKETT SIND BESONDERS HERVORZUHEBEN.

ÖKOLOGISCHES WEINGUT
TRAUTWEIN
RIEGELER STRASSE 2 79353 BAHLINGEN
TEL. 0 76 63/26 50 FAX 0 76 63/5 00 27

Bioprodukte: qualitativ hochwertig

Wertgebende Inhaltsstoffe in Erzeugnissen aus ökologischem Anbau

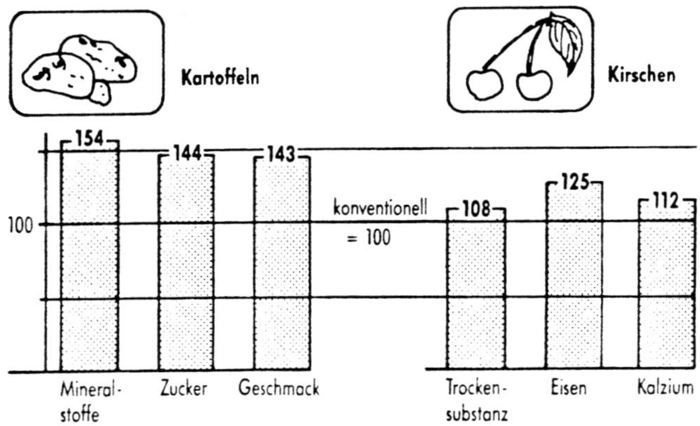

Bessere Haltbarkeit bei Bioprodukten

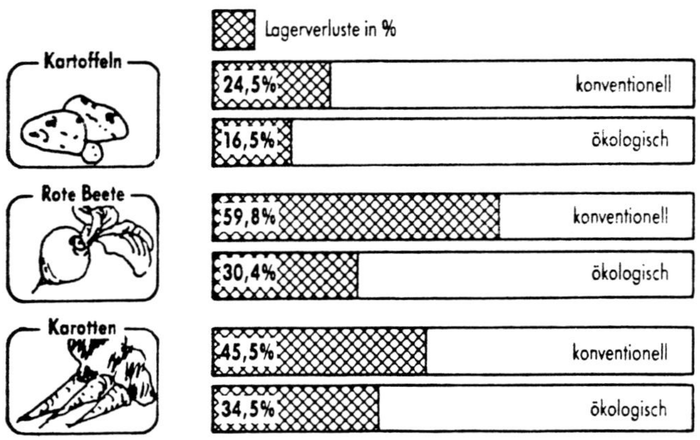

Quellen: Fürst, Aberg, Samaras

Höhere Lebensmittelqualität

Zahlreiche Untersuchungen weisen nach, daß Produkte des kontrolliert ökologischen Landbaus mehr wertgebende und weniger wertmindernde Inhaltsstoffe enthalten.

Betriebswirtschaftlich eine Alternative

Betriebswirtschaftlich betrachtet, reduziert die ökologische Landbewirtschaftung den Zukauf von Betriebsmitteln wie Düngern, Pflanzenbehandlungsmittel und Futter ganz erheblich. Einsparungen auf diesem Gebiet steht ein teilweise deutlich erhöhter Arbeitsaufwand gegenüber, z.T. durch die Übernahme von früher verlorenen Funktionen wie Vorverarbeitung und Handel (Direktvermarktung).

Die Erträge können nach der Umstellungsphase dem konventionellen Landbau vergleichbar sein, liegen in der Regel jedoch um 10-30% unter denen der intensiv betriebenen konventionellen Landwirtschaft.

Der Gewinn pro Familienarbeitskraft lag in den achtziger Jahren im Durchschnitt konstant über dem konventioneller Vergleichsbetriebe, wie die Bundesregierung in ihren Agrarberichten seit 1984 feststellt. Die ökologische Landwirtschaft kann also auch betriebswirtschaftlich gesehen eine Alternative für die einzelnen Landwirte darstellen, wenn das hohe Preisniveau für Bio-Produkte gehalten werden kann.

Auch volkswirtschaftlich vorteilhaft

Volkswirtschaftlich betrachtet ist die flächendeckende Einführung des Öko-Landbaus in der Lage,
- die den EG-Haushalt belastenden Überschüsse völlig abzubauen,
- die derzeitige enorme Abhängigkeit von importierten Grundstoffen (Futtermittel, Erdöl) zu verringern,
- die Versorgung der Bevölkerung dauerhaft zu sichern
- sowie zukünftige massive Umwelt- und Gesundheitssanierungskosten einzusparen.

Gerade die Entlastung der Umwelt und der Agrarmärkte wird von EG, Bund und Ländern anerkannt, die deshalb die ökologische Landwirtschaft mit Förderprogrammen unterstützen.

Öko-Landbau in den 90er Jahren: Rasantes Wachstum schafft Vermarktungsprobleme

In den letzten Jahren haben zunehmend Landwirte auf ökologischen Landbau umgestellt. Ursache dafür sind EG-Fördermittel für die Extensivierung der Landwirtschaft und die wachsende Verbrauchernachfrage. Allein 1989 ist die Zahl der Bio-Betriebe um 40% gestiegen. Diese stark wachsende Zahl ökologisch wirtschaftender Betriebe trifft jedoch im Naturkostbereich auf eine Handelsstruktur, die nicht auf große Mengen eingerichtet ist. Bisherige Absatzwege können die anfallenden Mengen nicht mehr vollständig abnehmen. Da eine gesonderte Verarbeitung und Vermarktung im konventionellen Lebensmittelsektor meist nicht möglich ist, entstehen derzeit Überhänge bei einigen Produktgruppen, so Fleisch, Milch (die derzeit nur zu 20% als Bio-Milch zu angemessenen Preisen abgesetzt werden kann) und Getreide. Ein wichtiges Ziel muß es deshalb sein, neue Vermarktungswege zu öffnen.

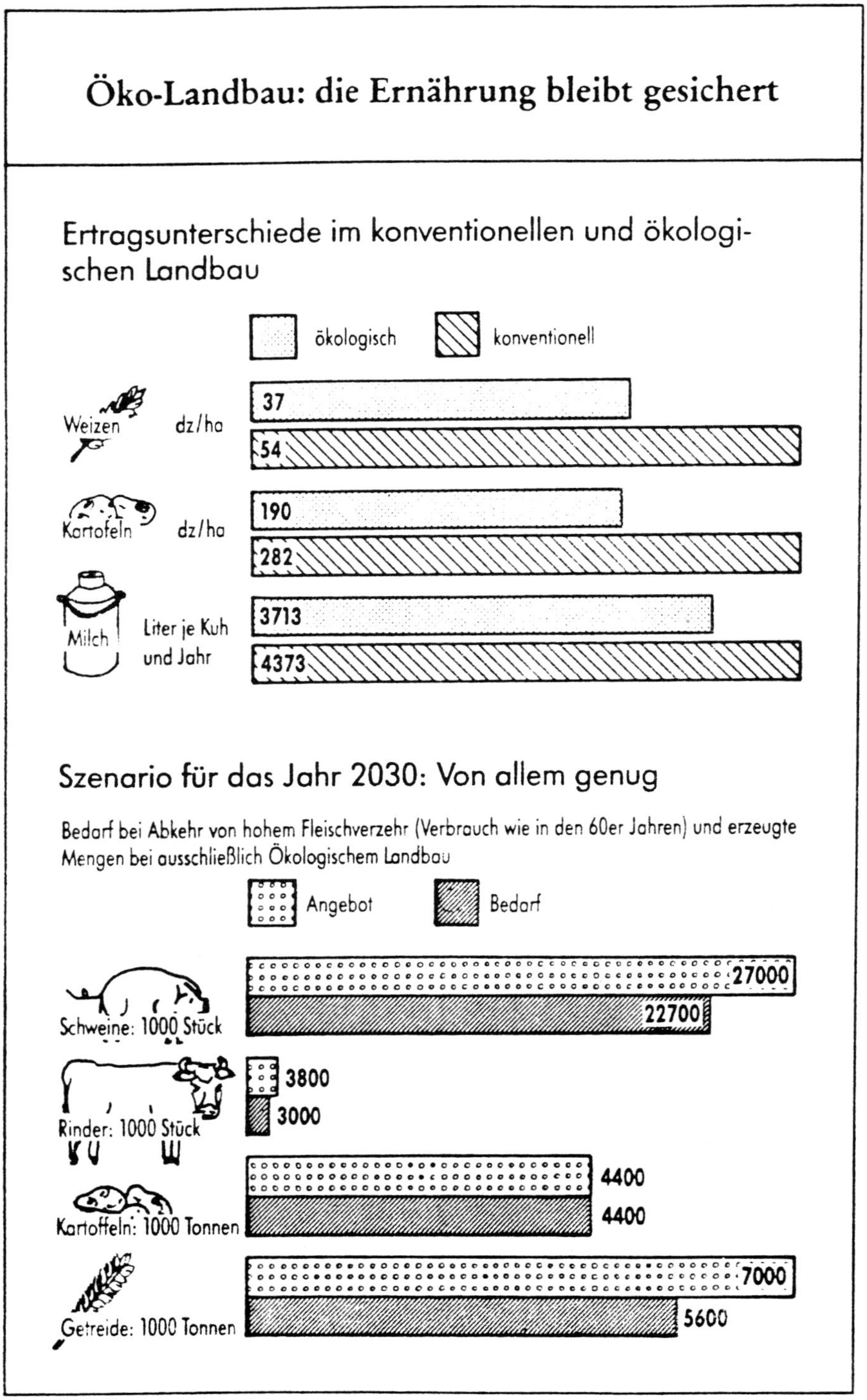

Quellen: Agrarbericht, Bechmann

Verbandswesen im Öko-Landbau

Die ökologische Landwirtschaft untergliedert sich in verschiedene Anbaurichtungen und ist in Verbänden organisiert. Diese haben die wesentlichen Grundsätze gemeinsam und unterscheiden sich nur in geringfügigen Besonderheiten. Alle Verbände haben sich Richtlinien für die Produktion, z.T. auch für die Verarbeitung und die Vermarktung gegeben. Nur ein anerkannter Betrieb, der sich mit einem Anbauvertrag zur Einhaltung der Richtlinien verpflichtet, darf seine Produkte unter dem jeweiligen Markenzeichen vermarkten. Ein umfangreiches Kontrollwesen (Betriebsinspektionen, Bodenproben, Rückstandsuntersuchungen u.a.) überwacht die Einhaltung der Richtlinien.

Die sechs Verbände sind in der Arbeitsgemeinschaft ökologische Landwirtschaft (AGÖL) zusammengeschlossen, um diese Aufgaben gemeinsam besser wahrnehmen zu können (siehe Tabelle AGÖL 1991). Die AGÖL hat sich Rahmenrichtlinien gegeben, die für alle ihre Mitgliedsverbände das gemeinsame Minimum darstellen. Unterstützt wird sie von der Stiftung Ökologie und Landbau (SÖL), die wichtige wissenschaftliche und publizistische Aufgaben wahrnimmt. Im folgenden werden die vier in unserer Region vertretenen Verbände vorgestellt.

Demeter

Die biologisch-dynamische Landwirtschaft wurde durch den »Landwirtschaftlichen Kurs« des Anthroposophen Rudolf Steiner 1924 begründet. Markenzeichen: Demeter. Die Besonderheiten der biologisch-dynamischen Wirtschaftsweise entstammen ihrer antroposophischen Grundlage. Es sind zum einen die Verwendung verschiedener Horn- und Kompostpräparate auf der Basis von Mist, Kiesel und Heilkräutern, die auf feinstofflicher (immaterieller) Ebene wirkend Bodenleben und Pflanzen stärken sollen. Zum anderen werden kosmische Einflüsse wie Sonnen-, Mond-, Planetenstand usw. auf Pflanzenbau und Tierhaltung berücksichtigt und oft Aussaat-, Bearbeitungs- und Erntetermine danach ausgerichtet.

Bioland

Die biologisch-organische Wirtschaftsweise entwickelten der Schweizer Bauernpolitiker Hans Müller (1891-1988), später ergänzt durch den deutschen Arzt und Mikrobiologen Hans-Peter Rusch (1905-1977). Rusch schuf mit seinem Werk »Bodenfruchtbarkeit« 1968 die wissenschaftliche Grundlage für die systematische Beachtung der komplizierten Mikrobiologie des Bodens. Markenzeichen: Bioland. Bioland ist heute der Anbauverband mit der größten Fläche.

Naturland

1982 wurde »Naturland - Verband für naturgemäßen Landbau« von Praktikern und Wissenschaftlern gegründet. Die Richtlinien entsprechen den allgemeinen Rahmenrichtlinien der ökologischen Anbauverbände. Räumlich konzentrierten sich die Aktivitäten zunächst auf Bayern. Schwerpunkte waren neben der Umsetzung wissenschaftlicher Erkenntnisse eine intensive Verbraucheraufklärung und Verarbeiter-Ansprache, um insbesondere die Vermarktung von Produkten ökologischer Tierhaltung (Milch, Fleisch) zu verbessern. Markenzeichen: Naturland.

1985 gründeten einige regionale Vereinigungen von ökologisch arbeitenden Winzern den Bundesverband Ökologischer Weinbau (BÖW). Der Grund lag u. a. an den Besonderheiten der Sonderkultur Wein. Markenzeichen: Ecovin.

ArbeitsGemeinschaft Ökologischer Landbau

Anerkannte Verbände der ökologischen Landwirtschaft (Stand: 1. 1. 1991)

Die genannten sechs Verbände und die Stiftung Ökologie und Landbau haben sich 1988 in der AGÖL zusammengeschlossen (Koordinationsstelle, Baumschulenweg 11, D-6100 Darmstadt, Tel. 0 61 55 / 20 81, Fax 0 61 55 / 57 74). Die AGÖL-Mitglieder bewirtschaften zusammen über 85 000 ha = 0,7 % der landwirtschaftlichen Nutzfläche (alte Bundesländer) nach den Richtlinien des ökologischen Landbaus (SÖL-Sonderausgabe Nr. 17).

	biologisch-dynamisch	organisch-biologisch	Biokreis Ostbayern	Naturland	ANOG	BÖW
Gründungsjahr	1924	1971	1979	1982	1962	1985
Warenname und Schutzzeichen	demeter [1]	Bioland	BIO KREIS	Naturland	ANOG Kontrollierte biologische Produkte	ECO VIN
Bei Umstellungs-ware	Biodyn	„Bioland-Erzeugnisse aus dem Umstellungsbetrieb"	aus dem Umstellungsbetrieb	aus dem Umstellungsbetrieb	aus dem Umstellungsbetrieb	aus dem Umstellungsbetrieb
Anbaufläche (ha)	23 914	36 343 [2]	2 151	10 830	2 009	285
Zahl der Betriebe	1 098	1 623 [2]	150	401	78	76
Zeitschrift	„Lebendige Erde", mit „Gartenrundbrief", „Demeterblätter" [1]	„Bioland"	„Bio-Nachrichten"	„Naturland"	„ANOG-Informationen"	Mitteilungen in „Ökologie und Landbau"
Adresse	Forschungsring für Biologisch-Dynamische Wirtschaftsweise e. V., Baumschulenweg 11, 64295 Darmstadt, Tel. (0 61 55) 26 74	Bioland – Verband für organisch-biologischen Landbau e. V., Barbarossastraße 14, 73066 Uhingen, Tel. (0 71 61) 3 10 11	Biokreis Ostbayern e. V., Theresienstraße 36, 94032 Passau, Tel. (08 51) 3 16 96	Naturland Verband für naturgemäßen Landbau e. V., Kleinhaderner Weg 1, 82166 Gräfelfing, Tel. (0 89) 8 54 50 71	ANOG – AG für naturnahen Obst-, Gemüse- u. Feldfruchtanbau e. V., Josef-Schell-Str. 17, 53121 Bonn, Tel. (02 28) 62 75 91	Bundesverband Ökologischer Weinbau e. V., Obergasse 9, 76879 Ottersheim/Pfalz, Tel. (0 63 55) 12 85

1) Verarbeiter, Händler und Verbraucher wenden sich bitte an: Demeter-Bund e.V., Fenchelstraße 14, 70619 Stuttgart , Tel. (07 11) 4 41 10 25
2) Weitere 429 Betriebe (10253 ha) befinden sich in Vorbereitung (Nulljahr)

Kontaktadressen neue Bundesländer: Gäa – Arbeitsgemeinschaft für Ökologischen Landbau, Schulstr. 5, 01665 Taubenheim, Tel. Burkhardswalde 3 38

BÖL - Beratungsring Ökologischer Landbau, Kieler Straße 26, 24582 Bordesholm; ab 1. 5. 1991: 16515 Oranienburg-Eden, Tel. Oranienburg 34 13/17

Stiftung Ökologie & Landbau

Diese Übersicht ist als DIN-A2-Plakat für DM 1,– pro Stück (+ 2,– Porto) bei der Stiftung Ökologie und Landbau erhältlich

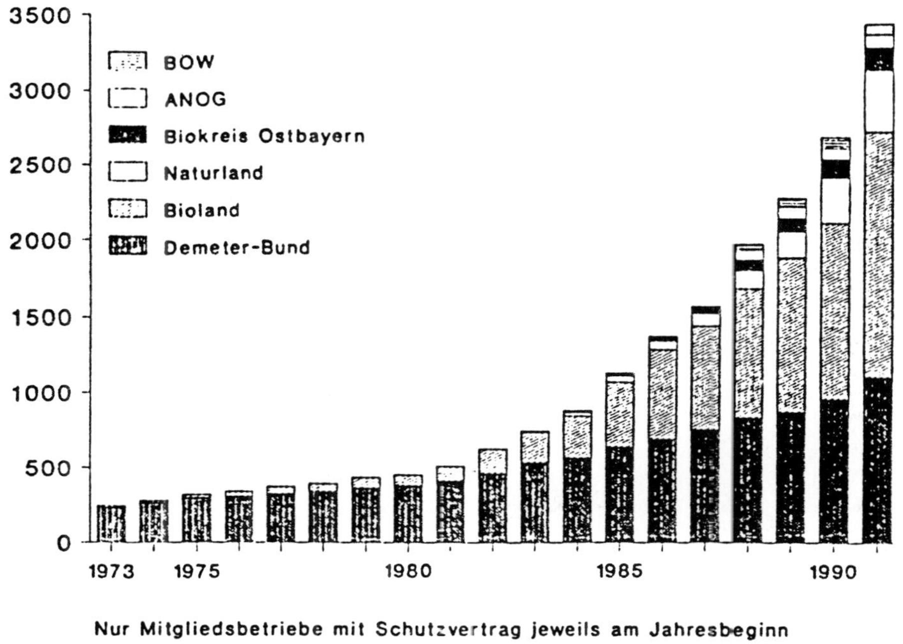

Abb.: Zahl der AGÖL-Landwirtschaftsbetriebe in der Bundesrepublik.

Übersicht: Bedeutung des ökologischen Landbaues in der Bundesrepublik (Stand 1. 1. 1991)

Bundesland	Zahl der Betriebe	bewirtschaftete Fläche in ha	in % von insges Betriebe	Fläche
Baden-Württemberg	918	16 261	0,78	1,10
Bayern	1 188	23 202	0,53	0,69
Rheinland-Pfalz	212	3 761	0,39	0,53
Saarland	24	736	0,71	1,05
Hessen	262	6 603	0,53	0,85
Nordrhein-Westfalen	319	7 627	0,38	0,49
Niedersachsen	319	10 242	0,31	0,38
Schleswig-Holstein	168	6 590	0,58	0,61
Stadtstaaten	8	144	0,32	0,56
altes Bundesgebiet	3 418	75 166	0,51	0,63
neue Bundesländer	5	284	–	–

Nur Betriebe mit Anerkennungs- und Umstellungsvertrag der Organisationen des ökologischen Landbaues.

Quelle: Institut für Agrarpolitik und Landwirtschaftliche Marktlehre der Universität Hohenheim; nach Angaben der Organisationen des ökologischen Landbaues zusammengestellt.

Integrierter Landbau - Schritte in die richtige Richtung

Viele Landwirte schlagen diesen Weg ein, weil ihnen bei dem bisherigen Verfahren unwohl geworden ist und sie die veränderte Nachfrage von sensibilisierten Verbrauchern spüren. Auch zunehmende staatliche Auflagen geben ihnen zu denken: Wasserschutzgebiete werden stetig vergrößert, einzelne Pestizide verboten.

Zwischenform

Der integrierte Landbau (integrierter Pflanzenschutz), auch »umweltschonender Anbau« genannt, stellt eine begrüßenswerten Schritt in die Richtung einer ökologisch verträglichen Landwirtschaft dar, wenn er sich darauf besinnt, wieder mehr Naturverständnis in die Landwirtschaft zu bringen. Wenn »integrierter Anbau« allerdings nur bedeutet, das technisch Machbare zu verfeinern und zu glauben, »Natur« irgendwann perfekt steuern zu können, dann läuft der integrierte Anbau in die falsche Richtung. Die integriert bzw. umweltschonend wirtschaftenden Landwirte haben, kurz gesagt, Elemente des Öko-Landbaus übernommen, ohne seine Grundeinstellung schon zu teilen.

Vorbeugende Maßnahmen (Saatgutauswahl, Fruchtfolge) werden zwar stärker als bei der konventionellen Landwirtschaft angewandt, die Betonung liegt jedoch nach wie vor auf der Symptombekämpfung. Der Aufbau der Bodenfruchtbarkeit ist nachgeordnet, mineralische Dünger und chemisch-synthetische Pestizide werden noch eingesetzt.

Deutliche Fortschritte

Ein echter Fortschritt kann hierbei die kräftige Reduzierung des Einsatzes von Mineraldüngern und Pestiziden sein. Nicht mehr »vorbeugend« soll Chemie gespritzt werden, sondern nur nach dem Überschreiten von sog. »Schadensschwellen« des Schädlingsbefalls. Manche Pestizide sollen überhaupt nicht mehr verwendet werden. Statt dessen werden verstärkt biotechnische Verfahren (Lockstoffallen, Verwirrverfahren mit Sexualhormonen) eingesetzt. Mineraldünger sollen nur nach Messungen ausgebracht werden, die den »Bedarf« ermitteln.

In der Umweltverträglichkeit kann der integrierte Anbau also deutliche Verbesserungen erreichen, geht jedoch nicht ganz so weit wie die ökologische Landwirtschaft.

Zunehmendes Interesse

Da die Hemmschwelle der verlangten Umstellungen beim integrierten Anbau kleiner ist (und in Baden-Württemberg auch die staatliche Unterstützung hinzukommt), interessieren sich viele Landwirte dafür.

Südbaden als Vorreiter?

Gerade in unserer Gegend ist das Umweltbewußtsein anerkanntermaßen besonders groß. Mit der Regio-Umweltkarte wurde die Region bundesweit zum umweltpolitischen Vorreiter. Auch Südbadens Landwirte erkennen die Zeichen der Zeit scheinbar früher als anderswo. Die Voraussetzungen hierfür sind auch besser. In Süddeutschland wird noch häufiger extensiv gewirtschaftet, die Betriebe erreichen in der Regel nicht die überdimensionierten Größenordnungen wie etwa in Norddeutschland. Die durchschnittliche Betriebsgröße in Baden-Württemberg liegt bei nur 14 Hektar.

Die Konzentration der Bio-Betriebe ist im Regierungsbezirk Freiburg besonders hoch, weiß Professor Wolf-Dieter Sick vom Institut für Kulturgeographie der Universität Freiburg. Noch vor Bayern weist Baden-Württemberg 1991 mit 1,1% ökologisch bewirtschafteter landwirtschaftlicher Nutzfläche bundesweit den höchsten Anteil auf, in Südbaden waren es, laut Hubert Hugger vom Regierungspräsidium Freiburg, etwa ebensoviel.

Darüber hinaus zeigen die großangelegten Pilotprojekte zum umweltfreundlichen, integrierten Landbau die Bereitschaft der südbadischen Land- und Weinwirtschaft zum Umdenken auf. Reges Interesse verzeichnet das Regierungspräsidium Freiburg an den Projekten »Umweltschonender Maisbau« und »Umweltschonender Weinbau«, an denen sich hunderte von Winzern und Bauern aus dem Breisgau und dem Markgräflerland beteiligen. Beispielhaft wird hier an der Reduzierung problematischer Betriebsmittel gearbeitet. So wurde schon im ersten Jahr des Pilotprojektes »umweltschonender Maisbau« die Stickstoffdüngung um 20-30% reduziert und der Bodennitratgehalt um 26 Kilogramm pro Hektar gesenkt. Auch die verwendete Herbizidmenge wurde um zwei Drittel verringert. Seitdem konnten weitere Fortschritte erzielt werden. Vielversprechend sind insbesondere die Aktivitäten des »Winzerkreises Munzingen«, der darüber hinaus noch mehr für Naturschutz und Artenvielfalt am Weinberg tun will.

Öko-Region Südbaden?

Diese Entwicklung kann auch zu neuen wirtschaftlichen Impulsen für unsere Region führen. So kann - um nur ein Beispiel zu nennen - die südbadische Fremdenverkehrswirtschaft im Rahmen von Konzepten des »Sanften Tourismus« in der Gastronomie verstärkt hochwertige Produkte des ökologischen Landbaus unserer Region verwenden. Damit werden mehrere Fliegen mit einer Klappe geschlagen:

- der Fremdenverkehr kann mit ökologischen Argumenten sein Marketing verbessern,

- die Branche trägt aktiv zur Sicherung ihrer Wirtschaftsgrundlage bei: einer intakten Umwelt sowie einer vielfältigen und dadurch reizvollen Kulturlandschaft,

- von dem Geld, das Touristen hier ausgeben, bleibt mehr in der Region selbst, statt für holländische Treibhaustomaten abzufließen.

Was die Stadt Freiburg dazu tut

Ökologische Gesetzmäßigkeiten nicht zu beachten, ist teuer. Gerade Kommunen müssen dies finanziell ausbaden. Auf sie kommen enorme Haushaltsbelastungen zu, wenn nicht rechtzeitig umgesteuert wird. Die Kosten für einen kommunalen Beitrag zur ökologischen Landbau-Wende sind dagegen eher gering. Es ist billiger, »das Kind nicht in den Brunnen fallen« zu lassen, als es hinterher wieder herauszuholen.

Die Stadt Freiburg tut das ihre, um den zukunftsweisenden Weg der Umweltvorsorge zu beschreiten. Seit 1989 ist ein Verbot in Kraft, auf städtischen Flächen und Kleingärten chemisch-synthetische Pestizide anzuwenden. Mit einer Broschüre über biologischen Pflanzenschutz leistet die Stadt einen aktiven Beitrag zur Verbreitung des ökologischen Know-hows.

In Sorge um das städtische Trinkwasser beschloß der Umweltausschuß im Juni 1991, gezielt die Umstellung auf die ökologische Landwirtschaft zu fördern.
Da die Absatzsituation für viele Landwirte derzeit das brennendste Problem ist, soll vor allem die Vermarktung für ökologisch und umweltschonend hergestellte Produkte verbessert werden:

- mit redaktioneller und gestalterischer Zusammenarbeit für diesen Einkaufsführer,

- mit der Einrichtung des gemischten STÜHLINGER BAUERNMARKTES, der am 29.8.1992 eröffnet wurde,

- mit der allmählichen Umstellung des Einkaufs der städtischen Kantinen auf Produkte aus kontrolliert biologischem Anbau aus unserer Region. Damit will die Stadt regional eine Vorbildfunktion übernehmen.

Unterstützend dazu werden Informationen zum ökologischen Landbau vermittelt. Die Aufklärungsarbeit umfaßt unter anderem:

- Veranstaltungen und Besichtigungen, u.a. im Rahmen der Volkshochschule,

- den Textteil dieses Einkaufsführers,

- eine Schwerpunktnummer der StadtNachrichten.

Des weiteren wurde das stadteigene Gut Mundenhof auf ökologischen Landbau umgestellt. Im Weinbau der städtischen Stiftungsverwaltung am Schloßberg und am Schönberg werden derzeit Versuche mit einer ökologischen Bewirtschaftung unternommen. Auch sollen die städtischen landwirtschaftlichen Flächen künftig mit umweltschonenden Auflagen verpachtet werden.

Wochenmärkte und Erzeugermärkte in der Region

In Freiburg und im Umland finden zahlreiche Wochenmärkte statt, auf denen fast immer auch Erzeuger ihre Produkte direkt verkaufen. Die Märkte finden in der Regel vormittags statt. Falls auch nachmittags Markt abgehalten wird, ist dies speziell vermerkt.

Bad Krozingen
Kirchplatz: Samstag

Breisach
Marktplatz: Samstag

Denzlingen
Parkplatz Bahnhof: Dienstag und Freitag jeweils vormittags
Gelände Kauftreff Elzstraße: Dienstag und Freitag jeweils nachmittags

Emmendingen
Einkaufszentrum: Donnerstag und Samstag
Marktplatz: Dienstag und Freitag

Freiburg
Altstadt, Münsterplatz: Montags bis Samstag
Stühlinger, unter der Stadtbahnbrücke: Mittwoch und Samstag
Landwasser, Marktplatz: Mittwoch und Samstag
Weingarten, Marktplatz: Mittwoch und Samstag

Gundelfingen
Rathausplatz: Mittwoch vormittags und Freitag nachmittags

Heitersheim
Ochsenplatz: Samstag, nur Mai bis Oktober

Kenzingen
am Rathaus: Samstag

Kirchzarten
Rathausplatz: Dienstag und Freitag jeweils ganztags

Müllheim
Marktplatz: Freitag

Neuenburg
Stadthausplatz: Mittwoch und Samstag

Staufen
Marktplatz: Mittwoch und Samstag

Teningen
Parkplatz Ludwig-Jahn-Halle: Donnerstag

Titisee-Neustadt, Ortsteil Neustadt
Parkplatz am Nonnenbrunnen: Samstag, nur Mai bis September

Waldkirch
Marktplatz: Mittwoch und Samstag

Waldkirch-Kollnau
Rathausplatz: Freitag

Quellenverzeichnis

[1] BUND, Bund für Umwelt und Naturschutz e.V. (Hg) (1991): Globus, Heft 6/91. Themenschwerpunkt »Massentierhaltung bedroht Meere und Wälder«. Stuttgart: BUND-Umweltzentrum

[2] Badische Zeitung (1993): Ausgabe Nr. 27 vom 3.2.1993 »Aus aller Welt«

[3] Hockstein, E./Hildebrand E.E. (1992): »Stand der Stoffeinträge in Waldbestände von Baden-Württemberg«, Heft 2 Februar 1992, Allgemeine Forst- und Jagdzeitung

[4] Bödecker, Wolfgang/Dümmler, Christa (Hg.) (1990): Pestizide und Gesundheit. Vorkommen, Bedeutung und Prävention von Pestizidvergiftungen. Alternative Konzepte Band 74. Herausgegeben von der Stiftung Ökologie und Landbau und dem Pestizid Aktions-Netzwerk. Karlsruhe: Verlag C.F. Müller

[5] Poppinga, Onno u.a. (1990): Wachstumslandwirtschaft und Umweltzerstörung. Band II. Rheda-Wiedenbrück: AbL, Arbeitsgemeinschaft bäuerliche Landwirtschaft.

[6] Paulus, Jochen (1991): Warum Schweine durch Europa reisen. Die Lkw-Lawine rollt. In: ÖKO-TEST-Magazin Heft 9/1991

Literaturempfehlungen

AGÖL, Arbeitsgemeinschaft Ökologische Landwirtschaft (1991): Rahmenrichtlinien zum ökologischen Landbau. 13., durchgesehene Auflage. SÖL-Sonderausgabe Nr. 17. Bad Dürkheim: Stiftung Ökologie und Landbau.

Benecke, Jochen/ Kiesewetter, Barbara/ Urbauer, Hans (1990): Bauern stellen um. Praxisberichte aus dem ökologischen Landbau. Alternative Konzepte Band 62. Karlsruhe: Verlag C.F. Müller.

Bödeker, Wolfgang/ Dümmler, Christa (Hg.) (1990): Pestizide und Gesundheit. Vorkommen, Bedeutung und Prävention von Pestizidvergiftungen. Alternative Konzepte Band 74. Herausgegeben von der Stiftung Ökologie und Landbau und dem Pestizid Aktions-Netzwerk. Karlsruhe: Verlag C.F. Müller.

Brink, Antje/ Baumgartner, Monika (1989): Wachstumslandwirtschaft und Umweltzerstörung. Band I. Rheda-Wiedenbrück: AbL, Arbeitsgemeinschaft bäuerliche Landwirtschaft.

BUND, Bund für Umwelt und Naturschutz Deutschland e.V. (Hg) (1991): Globus, Heft 6/91. Themenschwerpunkt »Massentierhaltung bedroht Meere und Wälder«. Stuttgart: BUND-Umweltzentrum.

BUND, Bund für Umwelt und Naturschutz Deutschland e.V. (1991): Landwirtschaft. Themenheft. Stuttgart: BUND-Umweltzentrum.

Chaboussou, Francis (1987): Pflanzengesundheit und ihre Beeinträchtigung. Die Schädigung durch synthetische Dünge- und Pflanzenbehandlungsmittel. Karlsruhe: Verlag C.F. Müller.

Das Alternative Branchenbuch. 4. Auflage 1990. München: Altop-Verlag.

Häussler, Gerhard/ Heller, Peter/ Rosenberger, Christel (1987): Tiefgekühlt und doch nicht haltbar! Das Lebensmitteldiktat der Konzerne. Ein Diskussionsbeitrag des Öko-Instituts. Freiburg: Dreisam.

Hoplitschek, Ernst/ Tegethoff, Bodo (1989): Aktion Garten ohne Gift. Ein Praxis-Handbuch. Gesunde Umwelt durch natürlichen Pflanzenschutz. Niedernhausen/ Ts.: Falken Verlag.

Kallenbach, Ute (1989): Vollwerternährung und Öko-Landbau. SÖL-Sonderausgabe Nr. 25. Bad Dürkheim: Stiftung Ökologie und Landbau.

Katalyse-Institut (Hg) (1986): Das Ernährungsbuch. Lebensmittel und Gesundheit. Köln: Kiepenheuer & Witsch.

Katalyse-Institut (Hg) (1990): Chemie in Lebensmitteln. Frankfurt/M.: Zweitausendeins.

Katalyse-Institut/ Buntstift e.V. (Hg) (1990): Grenzenlos kulinarisch. Lebensmittelqualität im europäischen Binnenmarkt. Köln: Katalyse.

Natsch, Bruno/ Löser, Georg (1991): FCKW und andere Ozonkiller. Sofortiger Ausstieg zum Schutz der Erdatmosphäre. Freiburg: BUND-Landesverband Baden-Württemberg.

Paulus, Jochen (1991): Warum Schweine durch Europa reisen. Die LKW-Lawine rollt. In: ÖKO-TEST-Magazin Heft 9/1991, S. 16-18.

Poppinga, Onno u.a. (1990): Wachstumslandwirtschaft und Umweltzerstörung. Band II. Rheda-Wiedenbrück: AbL, Arbeitsgemeinschaft bäuerliche Landwirtschaft.

Preuschen, Gerhardt: Der ökologische Weinbau. Ein Leitfaden für Praktiker und Berater. 5., überarbeitete Auflage. Alternative Konzepte Band 32. Karlsruhe: Verlag C.F. Müller.

Thomas, Frieder (1990): Analyse der Situation der Landwirtschaft. Werkstattreihe Nr. 63. Freiburg: Öko-Institut.

Thomas, Frieder (1991): Vermarktung von Produkten des ökologischen Landbaus an die Gemeinschaftsverpflegung. Fallstudie Freiburg. EURES discussion paper. Freiburg: EURES-Institut für regionale Studien in Europa.

Thomas, Frieder/ Vögel, Rudolf (1989): Gute Argumente: Ökologische Landwirtschaft. München: Beck.

UBA, Umweltbundesamt (Hg) (1991): Jahresbericht 1990. Berlin.

Vester, Frederic (1986): Januskopf Landwirtschaft. Der Boden, der uns nährt. Ein Fensterbilderbuch. München: Kösel Verlag.

Vogtmann, Hartmut (Hg) (1991): Ökologische Landwirtschaft. Landbau mit Zukunft. 2. durchgesehene Auflage. Alternative Konzepte Band 70. Karlsruhe: Verlag C.F. Müller.

Weitere Adressen

Arbeitsgemeinschaft Bäuerliche Landwirtschaft, Nordrheda 3, 33378 Rheda-Wiedenbrück,
Telefon: 0 52 42 / 4 84 76

Arbeitsgemeinschaft Ökologischer Landbau (AGÖL), Baumschulenweg 11, 64295 Darmstadt,
Telefon: 0 61 55 / 20 81

Badischer Landwirtschaftlicher Hauptverband (BLHV), Friedrichstr. 41, 79098 Freiburg,
Telefon: 07 61 / 27 13 3-0

Bioland Bundesgeschäftsstelle, Barbarossastr. 14, 73066 Uhingen, Telefon: 0 71 61 / 3 10 12

Bioland Landesgeschäftsstelle Baden-Württemberg, Hauffstr. 40, 72649 Wolfschlugen,
Telefon: 0 70 22 / 5 48 48

Bund für Umwelt und Naturschutz (BUND), Bundesgeschäftsstelle, Im Rheingarten 7, 53225 Bonn,
Telefon: 02 28 / 40 09 7-0

Bund für Umwelt und Naturschutz (BUND), Regionalverband Südlicher Oberrhein,
AK Ernährung und Landwirtschaft, Wilhelmstr. 24a, 79098 Freiburg,
Telefon: 07 61 / 3 03 83 oder 50 23 27

Bundesverband ökologischer Weinbau (BÖW), Obergasse 9, 76879 Ottersheim/Pfalz,
Telefon: 0 63 55 / 12 85

Demeter, Fenchelstr. 14, 70619 Stuttgart, Telefon: 07 11 / 4 41 10 25

Dachverband der Deutschen Agraropposition, Bernhard Kühnle, Luisenstr. 102, 53129 Bonn,
Telefon: 02 28 / 69 48 90

Food-Coops: Bundeskontaktstelle, Birgit Röhrs, Am Hulsberg 88, 28205 Bremen,
Telefon: 04 21 / 4 98 62 12

Ministerium für Ländlichen Raum, Ernährung, Landwirtschaft und Forsten Baden-Württemberg,
Postfach 103444, 70173 Stuttgart

Naturland, Verband für naturgemäßen Landbau e.V., Kleinhaderner Weg 1, 82166 Gräfelfing,
Telefon: 0 89 / 8 54 50 71

Pestizid-Aktions-Netzwerk (PAN), Gaußstr. 17, 22765 Hamburg, Telefon: 0 40 / 39 39 78

Regierungspräsidium Freiburg, Abt. Ernährung und Veterinärwesen, Erbprinzenstr. 2,
79098 Freiburg, Telefon: 07 61 / 20 4-1

Stiftung Ökologie und Landbau, Weinstraße Süd 51, 67098 Bad Dürkheim,
Telefon: 0 63 22 / 86 66

Vereinigung der Arbeitsgemeinschaften für biologisch-dynamische Wirtschaftsweise
Baden-Württemberg und Pfalz, c/o Krafft von Heynitz, Mathystr. 34, 75173 Pforzheim

Notizen